HEYNE

LISA GRAF

ABGEHÄNGT

VON SCHULE, KLASSEN UND
ANDEREN UNGERECHTIGKEITEN –
WECKRUF EINER LEHRERIN

WILHELM HEYNE VERLAG
MÜNCHEN

Sollte diese Publikation Links auf Webseiten Dritter enthalten,
so übernehmen wir für deren Inhalte keine Haftung,
da wir uns diese nicht zu eigen machen, sondern lediglich
auf deren Stand zum Zeitpunkt der Erstveröffentlichung verweisen.

Disclaimer: Die in diesem Buch beschriebenen Schilderungen
von Ereignissen und Personen beruhen auf wahren Begebenheiten.
Sie wurden jedoch aus Gründen des Persönlichkeitsschutzes verfremdet.
Einzelne Textpassagen wurden bereits so oder so ähnlich in
Lisa Grafs Blog »Meine Klasse« veröffentlicht.

Penguin Random House Verlagsgruppe FSC® N001967

Originalausgabe 09/2022

Copyright © 2022 by Wilhelm Heyne Verlag, München,
in der Penguin Random House Verlagsgruppe GmbH,
Neumarkter Straße 28, 81673 München
Redaktion: Anna Frahm
Umschlaggestaltung: Favoritbüro, München,
unter Verwendung eines Motives von: Getty Images (Ian.CuiYi),
Shutterstock.com (STILLFX)
Satz: Satzwerk Huber, Germering
Druck: CPI books GmbH, Leck
Printed in Germany
ISBN: 978-3-453-60641-8

www.heyne.de

Für euch

Valentina, Mir, Aleyna, Hala, Jasmin, Ensar, Serhat, Deniz, Samed, Gabriela, Madlena, Ardiana, Leon, Sara, Dino, Melih, Fabian, Rijona, Ömer, Gülşan, Efe, Şeyda, Baraa, Lesly, Aylin, Taha, Emir und Alkan

INHALT

Prolog 11

Kapitel 1 – Erinnerungen – Chancen in der Schultüte 15

25 Kinder – 25 Hintergründe 15
Zwischen Pflegedienst und Pflegefall 19
Die Trauer wegputzen 21
Kindheit in Phasen 22
Wo ich war, war Unruhe 25
Fluchtpunkte 27
Hilferufe 28
Land in Sicht 29
Das Ende der Grundschule – Der Beginn einer Bildungsbiografie .. 30
Die Lücken im System 31
Nichts dazugelernt 33

**Kapitel 2 – Das Chaos im Schulranzen –
Chancen auf dem Rücken** 35

Am Anfang war kein Arbeitsheft 35
Das häusliche Chaos 37
Viel Frust und ein Zufall 40
Auf anderen Planeten 41
Die Klassen unserer Kinder 42
Aufstieg – als ob! 44
Chancen oder Ballast 45

Und was wird aus Alpi? 53
»Das Internet ist wieder abgestürzt« 55
Peruskoulu ist peruskoulu 57

Kapitel 3 – Ernährung in meiner Klasse – Chancen auf dem Teller 59

Pilzrisotto 60
Mäcces and me 60
Wenn der Habitus kickt 65
Trash, Trash, Trash 69
Abgrenzung und Ausgrenzung 71
Was können wir tun? 74

Kapitel 4 – Talente entdecken – Chancen in der Freizeit . . . 77

Hobbys als Klassenmerkmal 79
Das Schicksal der Kinder in den Händen einzelner Lehrkräfte 82
Kein Personal, keine Chance 85
Wie geht das gute Leben? 87
»Wir machen das Beste draus« 91

Kapitel 5 – Selektion im Bildungssystem – Chancen im Sozialstaat 95

Viel hilft viel 95
Aussieben 96
… und auffangen 97
Empfehlung zum Scheitern 99
Orientieren bedeutet: Beweisen 102
Die Trägheit des Systems 104
Nein, Emre, dafür brauchst du Fachabi! 107
Hauptsache Abi 109
Wir sind das System 111

**Kapitel 6 – Augen auf bei der Berufswahl –
Chancen in der Bewerbungsmappe** 115

Was mit Menschen 116
Rana 117
Praktikum 121
Fehl am Platz 125
Wohin mit dir? 126
Remember Chris? 129

Kapitel 7 – Corona – Chancen in der Krise 133

Homeschooling ist nicht gleich Homeschooling 136
Zwischen Mülltüten, Papierstau und dem zweiten Strich 137
Quarantäne 143
Gebäude 144
Digitaligääääähn 146
Lernen lernen mit WILMA 148
»Gas geben!« 150

Kapitel 8 – Lehrer:innen – Chancen im Gejammer 153

Lehrer:in sein: Ein Traumjob 155
Freitag, sechste Stunde, siebte Klasse: Ethikunterricht 156
»Viel Spaß!« 161
»Die gucken einfach nur!« – Das Referendariat 163
Die verschlossene Tür 166
Die Lehrplandebatte 169
Bewegung im Lehrplan 171
Gemeinsam weniger einsam 172

**Kapitel 9 – Möglichkeiten geben –
Chancen im Widerstand** 173

Marvin 174
Marvin als Maßstab 177
Ja, nein, doch! 180
Hallo Welt 185
Kontakt als Schlüssel 186

**Kapitel 10 – Was kostet Gerechtigkeit? –
Chancen im Geldbeutel** 191

Vom Mitfahren und Mithalten können 192
Zu Hause in Leverkusen, Rheindorf Nord 194
Hohe Schulform, niedriger Kontostand 196
Es ist (zu) kompliziert 199
Raus aus der Kinderarmut, rein in die Erwachsenenarmut 200
Mangelmanagement 201
Kein Geld, keine Bücher, keine Ahnung 202
Was sich ändern muss 205
Happy End? 206

Ausblick – Chancen sind für alle da! 209

Die Schule ist (k)ein schöner Ort 211
Wo beginnen? 213
Loslassen 214
Öffnen 215
Lehrer Lämpel war gestern 215
Raus aus der Komfortzone 217
Ein bisschen mehr wie Zeynep sein 218

Dank 223

PROLOG

»Haben Sie Scheiße gebaut?« Stina neigt ihren Kopf zur Seite und zieht die Augenbrauen hoch. »Oder warum sind Sie hier?« Diese Frage stellen mir meine Schüler:innen immer wieder, wenn sie erfahren, dass ich eigentlich Gymnasiallehrerin bin. Dass ich jetzt bei ihnen und damit an einer sogenannten Brennpunktschule unterrichte, bewerten die meisten von ihnen als »richtigen Absturz«. Sie sind sich ihres schlechten Images sehr bewusst. Genau wie viele andere Personen aus meinem Umfeld, die mich mitleidig anschauen, wenn ich erzähle, wo ich arbeite.

»Sozialstunden?«, hakt Stina nach. »Oder hobbylos?«

Dabei war ich nicht traurig, als ich nach dem Referendariat keine feste Stelle zugeteilt bekam. Die potenzielle Verbeamtung auf Lebenszeit beunruhigte mich viel eher, also nutzte ich die Gelegenheit und sah mich nach Vertretungsstellen an anderen Schulformen um. An sogenannten *Schulen im sozialen Brennpunkt* – weit weg von der gymnasialen Ordentlichkeit und bei Lehrkräften meistens eher unbeliebt.

Bei mir hingegen stellte sich ein unerwartetes Gefühl des Nach-Hause-Kommens ein, nachdem ich meine Vertretungsstelle an der neuen Schule angetreten hatte. Die Haupt- und Realschule in einer Stadt, die regelmäßig zu den hässlichsten Deutschlands gekürt wird, schien mich geradezu anzuziehen. Fünf Jahre Studium an der Heidelberger Universität und knapp zwei Jahre Referendariat am Gymnasium lagen hinter mir. Und plötzlich saß das, wogegen ich mich mein gesamtes Studium über gewehrt und was ich mit aller Kraft von mir abzustreifen versucht hatte, vor mir: meine Vergangenheit.

Die Rastlosigkeit, die müden Blicke. Diese Schüler:innen schien etwas umzutreiben, was mir bekannt vorkam. Kein Wunder also, dass ich die feste Stelle auf dem Gymnasium, die mir ein paar Monate später doch noch angeboten wurde, erst mal dankend ablehnte. Stattdessen beobachtete ich täglich die gar nicht mal so feinen Unterschiede zwischen meinen Klassen auf der Haupt- und Realschule und jenen Klassen, die ich am Gymnasium unterrichtet hatte. Und allmählich gelang es mir, Antworten auf so viele Fragen meiner Kindheit und Jugend zu finden.

»Frau Graf, sagen Sie jetzt! Sie können mir vertrauen, ich laber' nicht!« Stina verschließt ihre Lippen mit einem imaginären Reißverschluss und schaut mich verschwörerisch an.

Was ist es, das die meisten meiner neuen Schüler:innen von den Jugendlichen unterscheidet, die ich zuvor auf dem Gymnasium in der Nachbarstadt unterrichtet habe? Sind es die Klamotten, die sie tragen? Die Sprachen, die sie sprechen? Die Pausenbrote, die sie essen? Mit der Zeit fing ich an zu begreifen. Nicht die Dinge, die sie tun, unterschieden sie voneinander. Sondern die Dinge, die so viele meiner neuen Schüler:innen *nicht* tun. Die Instrumente, die sie nicht spielen. Die Orte, die sie nicht bereist haben. Die Codes, die sie nicht kennen.

»Mir gefällt's hier«, antworte ich Stina schließlich schulterzuckend. Sie sieht mich skeptisch an. »Ganz ehrlich: Sie haben schöne Augen, aber mit Ihnen stimmt was nicht, tut mir leid!« Stina winkt ab und geht ins Klassenzimmer.

Stina hat recht. Mit mir stimmt was nicht. Das habe ich in meiner eigenen Schulzeit gelernt. Das habe ich an der Uni gespürt und im Referendariat erlebt. Irgendetwas passt nicht. Und in dem Moment, in dem Stina ihrer Sitznachbarin einen Nackenklatscher gibt und aus dem Klassenzimmer ein lautes Stimmengemisch aus Beleidigungen und Lachen auf den Flur dringt, dämmert es mir: Das hier ist eine andere Klasse. Eine Klasse, die von der Gesellschaft abgehängt und von unserem Bildungssystem benachteiligt wird. Eine Klasse, der nicht zugehört wird, weil sie am Rand steht. Ein großer Teil der Gesellschaft begegnet diesen Kindern und Jugendlichen mit Vorbehalten, rümpft die Nase über die Art, wie sie sich kleiden. Über die Melodie ihrer Sprache. Über das, was sie essen. Über die Musik, die sie hören, und die Tatsache, dass sie ambitionslos auf öffentlichen Plätzen rumhängen. Dieser Teil der Gesellschaft versteht nicht, wieso die Kinder 0,5-Liter-Cola-PET-Flaschen zur Schule schleppen statt Wasser in der Edelstahlflasche. Warum viele von ihnen übergewichtig sind und in ihrer Freizeit trotzdem zocken statt in den Sportverein zu gehen. TikTok-Videos drehen statt Ballett zu tanzen. Was übersehen wird: Das vermeintliche Fehlverhalten vieler dieser Jugendlichen entsteht aus einem Mangel an Unterstützung und Halt. Es entsteht aus Langeweile und Frust. Und aus Diskriminierung. Vonseiten der Politik, aber auch vonseiten der Gesellschaft, die sie tagtäglich umgibt.

In diesem Buch wird es um Grund-, Haupt-, Realschüler:innen, Gymnasiast:innen, Studierende, Arbeitslose und Akademiker:innen gehen. Es wird um meine Schüler:innen, um Lehrer:innen und um mich gehen. Darum, wie ich den Weg an die Universität gefunden habe und warum ich das nicht der Durchlässigkeit des deutschen Bildungssystems verdanke. Es wird um Noten, Leistung und Verweigerung gehen. In diesem Buch geht es um diejenigen, die von der Mehrheitsgesellschaft abgehängt werden, und um meine Erfahrungen auf beiden Seiten.

Das hier sind Beobachtungen, die ich als Lehrerin und als ehemalige Schülerin gemacht habe. Es sind Beobachtungen, die im besten Fall Fragen der Gerechtigkeit aufwerfen. Fragen, die wir uns als Gesellschaft stellen sollten, die sich die Politik stellen muss. Es ist ein Einblick. Und ich freue mich über jede Person, die hinschaut.

KAPITEL 1 – ERINNERUNGEN – CHANCEN IN DER SCHULTÜTE

25 Kinder – 25 Hintergründe

Die Fünftklässler:innen ermahne ich ständig. Viele von ihnen können nicht stillsitzen und richten ihre Aufmerksamkeit auf alles, nur nicht auf meinen Unterricht. »Bleib' doch einfach mal sitzen!«, höre ich mich dann sagen. Manchmal auch »Ist das so schwer?« oder »Was ist mit deinem Heft passiert?« Dazu zucke ich fragend mit den Schultern, schüttle den Kopf und schreibe ins Klassenbuch: »Melin schon wieder ohne Arbeitsmaterial!« Wenn die Kinder später aufgeregt brüllend mit dem Klingeln aus dem Raum stürmen und Ruhe einkehrt, meldet sich leise mein schlechtes Gewissen. Weil ich merke, dass ich wieder nur eine 25-köpfige und viel zu laute Meute gesehen habe, ohne mich zu fragen, wer Melin eigentlich beim Taschepacken unterstützt. Wer Alma bei ihren Hausaufgaben hilft. Ob Yasmir im Heim schlecht geschlafen hat. Dabei weiß ich es doch eigentlich besser.

Ich selbst war eines dieser Kinder, die mich heute als Lehrerin herausfordern. Auch ich sorgte für Unruhe und bekam zu hören, wie unmöglich, unordentlich und unkonzentriert ich sei. Ich weiß, wie schnell man aus der Spur geraten kann und wie dringend diese Schüler:innen Unterstützung brauchen. Deswegen will ich meine Geschichte erzählen.

30.06.1997, Zeugnis, Klasse 1
Lisa arbeitete immer gut, interessiert und erfolgreich mit. Sie bewies bei schriftlichen Aufgaben Selbstständigkeit und Ausdauer. Neu vermittelten Lernstoff verstand sie meist mühelos. Ihre Hausaufgaben erledigte sie ordentlich.

Lisa konnte lesen, als sie in die Schule kam. Ihre Lesetechnik und ihr Leseverständnis entwickelten sich erfreulich weiter.

Im Zahlenraum bis 20 fand sie sich zurecht und beherrschte Additionen und Subtraktionen. Lisa beteiligte sich interessiert im Sach- und Religionsunterricht. Im Kunstunterricht löste sie alle bildnerischen Aufgaben mit Freude und Geschick.

Mein erstes Zeugnis ist wohl das beste meiner gesamten Schullaufbahn. Stolz trug ich es damals nach Hause und präsentierte es meiner Familie. Die Unbeschwertheit, mit der ein Kind in Deutschland durchs Leben gehen muss, um so einen Wisch ausgestellt zu bekommen, verlor ich vier Monate später mit dem Tod meines Vaters. Stattdessen hielten Unruhe, Einsamkeit und Wut Einzug in meinen Alltag. Meine Zeugnisse wurden schlechter, mein Selbstbild auch. Wie konnte es so weit kommen? Um das zu verstehen, muss man bei der gemeinsamen Geschichte meiner Eltern anfangen.

Die beiden waren bereits seit ihrer Jugend ein Paar. Damals ging mein Vater noch auf die Hauptschule, und meine Mutter war Schülerin auf einem Gymnasium, das sie ein paar Jahre später, kurz vor dem Abitur, verließ. Beide machten eine Ausbildung – meine Mutter zur Krankenschwester und mein Vater zum Werkzeugmacher. Sie fanden mühelos Arbeit. Ihr Gehalt reichte aus, um in den frühen 80er-Jahren einen Kredit aufzunehmen und mithilfe von Freund:innen und Bekannten mein zukünftiges Elternhaus zu bauen.

Als das Haus fertig war, war meine Schwester schon ein Jahr lang auf der Welt. Mit ihr und mit meiner Oma zogen sie ein. Der Plan eines Mehrgenerationenhauses ging trotzdem nicht auf. Denn Oma Anna, eine Frau Mitte 50, die vorgehabt hatte, richtig mit anzupacken, konnte meiner berufstätigen Mutter nicht beim Haushalt und der Kindererziehung helfen. Der Krebs in ihrer Brust begann mit dem Einzug zu streuen und fesselte sie ans häusliche Krankenbett. Meine Mutter übernahm im Krankenhaus nun die Nachtdienste, damit sie tagsüber, völlig übermüdet, für Oma Anna und meine Schwester da sein konnte. Wenn sie morgens um sieben von der Arbeit nach Hause kam, legte sie sich auf die Couch neben das Krankenbett und schlief in ständiger Abrufbereitschaft, weil immer irgendjemand etwas von ihr brauchte. Erst dreißig Jahre später, als ich selbst Mutter geworden war, habe ich sie gefragt, wie sie das angestellt hat. Ob ihr nicht klar gewesen sei, dass das alles unzumutbar war. Ihre Antwort war so vage, dass ich mich kaum an sie erinnere: »Es war halt so.« In dieser Zeit wurde sie schwanger und erlitt ein paar Wochen später eine Fehlgeburt, aber auch das war halt so. Meine Oma lebte noch ein Jahr.

Ihr Tod verschaffte meiner damals 28-jährigen Mutter, neben einer tiefen Trauer, die sie gut wegzurödeln wusste, wieder Luft zum Atmen. Sie wurde erneut schwanger und hörte auf zu arbeiten. »Das kriegen wir schon hin«, hatte mein Vater zuversichtlich gesagt, der immerhin ein Haus abzubezahlen hatte. Er hatte recht. Meine Eltern kriegten es so gut hin, dass nach meinem Bruder drei Jahre später auch noch ich geboren wurde. Mein Vater hatte ein paar Lungenentzündungen, aber abgesehen davon war alles in Ordnung. Auf diese Lungenentzündungen antwortete er mit dem Abschluss einer Lebensversicherung für das Haus. Sicher ist sicher, sagte er.

In den kommenden Jahren fuhren wir regelmäßig in den Sommerurlaub, nach Österreich, Holland oder Italien. Ich erinnere mich kaum daran, aber Fotos erzählen von einem glücklichen Kleinkind, das in ein Handtuch gewickelt Pommes isst und in den Bergen ins Gras pinkelt. Wenn mein Vater uns gerade nicht in seinem verrauchten VW in den Urlaub kutschierte, arbeitete er oder werkelte am Haus und sorgte meistens für gute Stimmung.

Ständig waren Freund:innen meiner Eltern zum Grillen bei uns oder umgekehrt. Brauchte jemand Hilfe beim Umzug, stand mein Vater mit einem Kasten Bier bereit. Er liebte Reinhard Mey und Tina Turner, Rosenkohl und sein Motorrad. Manchmal, wenn er auf seiner Maschine von der Arbeit kam, setzte er mir den Fahrradhelm auf und fuhr, mich sicher zwischen seine Beine geklemmt, im Schritttempo durch den Wald, in den unsere Straße mündete. Er war es, der meiner großen Schwester das Schwimmen beibrachte und im Winter mit meinem Bruder einen Schneemann baute. Er war es auch, der meine Mutter zum Lachen brachte und Verständnis für sie hatte, wenn sie dann und wann, zu früh am Tag, zu tief ins Glas schaute. »Du hast den Tod deiner Mutter nicht verkraftet«, sagte er wohl einmal zu ihr, und sie konnte dem nichts entgegnen.

Es war mein Vater, der, zehn Jahre nach dem Bau des Hauses, das Wohnzimmer renovierte, mir einen Zollstock in die Latzhose steckte und mich seine *Gesellin* nannte. Ich durfte Staubsauger und Wasserwaage halten und platzte vor Stolz. Er war es, der bei dem ganzen Staub auf der Baustelle zu husten anfing und nicht mehr damit aufhörte. Bald kam er am Nachmittag von der Arbeit nach Hause, sank auf die Couch und schlief stundenlang. Bei diesem Anblick wurde meine Mutter stutzig. Mein Vater konnte für gewöhnlich nicht stillhalten und tat tagsüber alles Mögliche, aber sicher nicht schlafen. Sie schickte ihn zum Arzt, denn wie immer vermutete sie die Katastrophe. Etwa, dass er gegen den neuen Teppich allergisch sein könnte oder – schlimmer – wieder eine Lungenentzündung ausbrütete. Von den Untersuchungen kam er zurück mit einem riesigen Röntgenbild seiner Lungen. Darauf ein weißer Fleck, so groß wie eine Zitrone.

Ich, damals noch ein Kindergartenkind, lag rücklinks auf dem Teppich und schaute von unten zu, wie meine Eltern das Bild vor die Fensterscheibe hielten und mit den Fingerspitzen den Rand der Zitrone nachfuhren.

Zwischen Pflegedienst und Pflegefall

Meine Mutter, die seit einiger Zeit abends im mobilen Pflegedienst jobbte, hatte jetzt also wieder einen privaten Pflegeauftrag, den sie gerne abgelehnt hätte und doch wie selbstverständlich übernahm. Die Zitrone würde die Endstation sein, das war sehr schnell klar. Wer sich von nun an um alles kümmerte, ebenfalls.

An dunklen Winterabenden fühlte sich die Hand meiner Mutter warm und trocken an, wenn sie mich durch die verlassenen Straßen zwischen den Betonklötzen führte, in denen die fremden Menschen wohnten, die sie wusch, anzog, denen sie Spritzen und Medikamente gab. Die alten Leute hatten kleine, gemütliche Wohnungen, voller Kram und mit vergilbten Tapeten. Während meine Mutter mit ihnen im Bad war, streifte ich durch die Zimmer. Im Hintergrund lief die *Tagesschau*, und ich schaute mir die gerahmten Fotos an, auf denen die Menschen jung waren und trotzdem uralt aussahen. Wenn alles fertig war, liefen wir weiter durch die Dunkelheit hin zur nächsten Tür, die uns surrend von oben geöffnet wurde.

Gut gelaunt und mit anpackendem Pragmatismus wehte meine Mutter durch die Räume der Alten. Sie öffnete Fenster, schüttelte Kopfkissen, wechselte Handtücher und Küchenschwamm im Vorbeigehen. Sie fegte wortwörtlich einmal durch die Wohnung und war so schnell wieder weg, wie sie gekommen war. Aber immer hatte sie etwas von sich dagelassen. Etwas von ihrer Ordnung, ihrer Sauberkeit und vielleicht ein bisschen Nähe.

Zurück zu Hause tauschte sie die Sauerstoffflasche meines Vaters aus. Sie fuhr ihn zu Terminen, begleitete ihn durch die Chemos, behielt den Überblick über seine Medikamente und die Termine ihrer drei Kinder. Ein knappes Jahr später, ich war mittlerweile in der Grundschule, wusch sie ihn, gab ihm Morphium, holte den Toilettenstuhl. Sie bezog Betten, machte unsere Schulbrote und fuhr an einem Abend, an dem sie mich zu Hause ließ, auf dem Weg zum Pflegedienst gegen eine Laterne, weil sie zuvor beim Kuchenbacken zu viel vom Rum probiert hatte.

Dieser kleine Unfall, der ausgerechnet direkt vor der Polizeiwache stattgefunden hatte, schaffte es in die Regionalzeitung unserer Kleinstadt. Die betrunkene Fahrerin, meine Mutter, hatte die Polizei angepöbelt und Stress auf der Wache gemacht. Ein schrecklich ironischer Artikel, der ihre Identität gerade so wenig schützte, dass bald zweideutige Bemerkungen von Verwandten und Bekannten kamen und sie sich verschämt zurückzog. Das Gefühl, verspottet und nicht verstanden zu werden, erdrückte sie.

Sie verlor ihren Führerschein und ihren Mut, aber dafür ging es meinem Vater einige Wochen vor seinem Tod unerwartet besser, und meine Eltern erzählten uns, dass die Zitrone eine Pause machen würde. Mein erstes Zeugnis leitete die Ferien ein, und wir fuhren in unseren letzten gemeinsamen Urlaub. Nach Holland, in ein Haus am Kanal. Meine Mutter sprang im Badeanzug ins Wasser, und mein Bruder paddelte mit dem Schlauchboot durch die Kanäle, bis er am Strand ankam. Lou Bega und die Hansons liefen dank meiner Schwester in Dauerschleife, und niemand beschwerte sich darüber. Mein Vater nahm mich an die Hand und kaufte mir eine Holzperlenkette, die ich auf unserem letzten gemeinsamen Foto trage.

Die Trauer wegputzen

An einem Montagabend im Oktober starb mein Vater in einem unscheinbaren Moment in unserem Wohnzimmer. Als er die Augen schloss und aufhörte zu atmen, saß meine Mutter auf seiner Bettkante und hielt noch den Becher in der Hand, aus dem er gerade zuvor getrunken hatte. Sie ließ ihn gehen, und sie hielt mich fest im Arm, als ich beim Anblick meines leblosen Vaters davonlaufen wollte. Sie rief den Arzt an, informierte Freund:innen und Bekannte, schmückte einen Tag später den zehnten Geburtstagstisch meines Bruders. Sie las Trauerkarten und legte die Geldscheine auf die Seite, wählte Musik für die Beerdigung aus, schickte uns zwei Tage später zurück in die Schule. Sie räumte den Kleiderschrank aus, befreite das Wohnzimmer vom Krankenlager, putzte alle Spuren weg. Ich glaube, ich habe sie in den ersten Wochen nach dem Tod meines Vaters nur zweimal weinen sehen. Am Todestag selbst und an seiner Beerdigung.

Nach einigen Wochen war selbst die letzte Trauerkarte eingetrudelt, und das Haus war sauber geputzt, der Schrank meines Vaters leer und der Alltag als nun alleinerziehende Mutter so voll, dass die Muttermaschine zu ruckeln begann. An einem dieser Tage war das Einzige, das ihr einfiel, um nicht völlig zu zerfallen, die Flasche

Wein, die sie bis dahin so mühevoll übersehen hatte. Jetzt zog sie den Korken und trank die Flasche leer. Dabei hörte sie Reinhard Mey auf ihren Kopfhörern, und endlich flossen die Tränen.

Kindheit in Phasen

29.01.1999, Zeugnis, Klasse 3, 1. Halbjahr
Lisa folgt dem Unterricht nicht immer aufmerksam und konzentriert. Ihre schriftlichen Aufgaben erledigt sie selbstständig, leider nicht immer sorgfältig genug. Lisa ist gut in die Klassengemeinschaft integriert. Im schriftlichen Sprachgebrauch fasst sich Lisa kurz. Die Leistungen könnten durch größere Anstrengungsbereitschaft verbessert werden. Das Gleiche gilt auch für die Rechtschreibung. Mathematische Aufgabenstellungen erfasste sie in der Regel schnell und konnte die meisten Aufgaben lösen. Im Sachunterricht könnte sie mehr leisten.

Während ich in der Schule rastlos auf meinem Stuhl wippte, Zettelchen schrieb, Buchdeckel vollkritzelte und meine Mitschüler:innen ablenkte, klingelte zu Hause das Telefon in die Stille hinein. Die wenigen Freundinnen meiner Mutter, die seit dem Tod meines Vaters übrig geblieben waren, versuchten sie zu erreichen oder, wie meine Mutter es wahrnahm: sie zu erwischen. Meine Mutter ignorierte in schlechten Phasen das Telefon, und sobald meine Geschwister und ich von der Schule nach Hause kamen, ignorierten auch wir es oder logen: »Mama ist einkaufen, Mama ist duschen, Mama ist erkältet und schläft.«

Es kamen Onkel und Tanten vorbei, sprachen mit ihr, klopften auf unsere Schultern und gingen mit gesenktem Kopf. Die schlechten Phasen waren in den letzten anderthalb Jahren immer länger geworden und kamen in immer kürzeren Abständen. In dieser Zeit wachte ich jede Nacht um Punkt 3:00 Uhr auf. Ich schlief seit dem Tod meines Vaters bei meiner Mutter im Schlafzimmer. Noch bevor ich die Augen öffnete, wusste ich, dass sie nicht neben mir lag. Wenn ich es wagte zu gucken, drang wie erwartet das schummrige Licht aus dem Flur durch den Türspalt in die Dunkelheit. Wie ferngesteuert stand ich auf und lief langsam über den Flur ins Wohnzimmer, wo meine Mutter auf der Couch lag, mit ihren Kopfhörern auf den Ohren.

Auf solche Nächte folgten zähe, leere Tage, die meine Mutter zum größten Teil im Bett verbrachte. Wenn sie nicht im Bett war, versuchte sie uns traurig schwankend von ihrer Nüchternheit zu überzeugen.

Von meinem eigentlichen Zuhause, der Geborgenheit und Leichtigkeit, war nichts mehr übrig geblieben. Ständig waren wir damit beschäftigt, die Fassade zu wahren und uns entsprechend den Phasen meiner Mutter anzupassen. In meiner Erinnerung ist diese Zeit ein einziges Lauern. Worauf ich wartete, wusste ich nicht. Ein zähes Gemisch aus Langeweile und Rastlosigkeit ließ mich nicht selten in einen lethargischen Zustand verfallen, in dem ich mich weg von dem Ort träumte, der wie ein Gefängnis und der freie Fall zugleich waren.

Wenn meine Mutter sich wieder mal für unbestimmte Zeit aus dem Leben verabschiedet hatte, dann war der erste Tag, an dem sie wieder nüchtern war, immer der Aufräumtag. Mit eingefallenem, verkatertem Gesicht, aus dem Leere, Einsamkeit und das schlechte Gewissen einer Mutter sprachen, die nicht mehr richtig für ihre Kinder da sein konnte. Sie schrubbte und saugte die Spuren weg, so wie sie die Erinnerungen an ihre Mutter und meinen Vater weggefegt hatte. Das Haus wurde auf Vordermann gebracht, der Kühlschrank gefüllt, die Wäsche gemacht. Wir Kinder wurden angesehen und abgeklopft, und wenn gerade alles wieder in der Spur war, wenn wir Geschwister gerade beim Ausatmen waren, griff sie zur Flasche, und das fragile Gerüst stürzte erneut ein. So ging es immer und immer wieder, und ich weiß nicht, welche Phasen schlimmer waren: die »komischen«, wie wir sie nannten, in denen ich nervös in der Schule saß und schnell nach Hause rannte, um den ganzen stillen Nachmittag vor dem Fernseher zu verbringen. Oder die »normalen« Phasen, in denen ich jeden Abend Angst hatte, ins Bett zu gehen. Angst davor, den Lichtstrahl nachts um 3:00 Uhr zu sehen und wieder allein zu sein.

14.06.1999, Zeugnis, Klasse 3, 2. Halbjahr
Lisas Beteiligung am Unterricht war nicht immer zufriedenstellend. Sie störte durch häufiges Schwatzen. In Mathematik benötigte sie daher öfter zusätzliche Erklärungen. In Konfliktfällen versuchte sie zu schlichten. Ihre schriftlichen Aufgaben fertigte sie nicht ordentlich genug an. Ihre Rechtschreibleistungen sind beim freien Schreiben schwächer als gut. In Mathematik zeigt sie Unsicherheiten in der Multiplikation und Division. Am Sachunterricht nimmt sie mit wechselndem Interesse teil.

Meine Antennen waren auf Dauerempfang gestellt. Zu Hause versuchte ich zu erspüren, was meine Mutter als Nächstes tun würde, draußen versuchte ich zu erkennen, wer Verdacht schöpfen könnte. Ich tat weiterhin alles, um nichts von dem, was sich in mir und meinem Zuhause abspielte, preiszugeben. Wer mich von außen beobachtete, sah ein kleines, dünnes, aufgedrehtes Kind. Ein Mädchen, das sich von Eistee, Kellogg's und kaltem Kakao ernährte, weil nichts anderes ihm schmeckte. Ein Mädchen, das in der Schule kaum stillsitzen konnte, vielleicht vom vielen Zucker, vielleicht vom vielen Fernsehen. Ich erinnere mich genau an das Gefühl, mich überhaupt nicht auf die Aufgaben konzentrieren zu können. Wie mein Blick von Zettel zu Zettel, von Heften und Büchern zur Tafel flog, zwischendurch ein Lachanfall, zappelige Beine, das Gefühl, ständig pinkeln zu müssen.

Wo ich war, war Unruhe

Meine Lehrerin wurde nicht müde, mich zu ermahnen. Sie schrie mich an, sie schrieb mir Dinge in meine Hefte, sie gab mir Strafarbeiten auf. Wirkliche Konsequenzen, wie zum Beispiel ein Elterngespräch, hatte das nie. Vielleicht war das ihre Art der Rücksichtnahme. Schließlich war es die gleiche Lehrerin, die mir in der ersten Klasse bescheinigt hatte, dass alles in bester Ordnung war und mir zu Beginn des zweiten Schuljahres förmlich ihr Beileid ausgesprochen hatte. Die Lehrerin, die mir in der dritten Klasse mein Deutschheft auf den Tisch knallte und mich und das Heft der ganzen Klasse vorführte. Abgeschnittene Ecken, wilde Kulispiralen, durchgekritzelte Sätze, zerbrochene Herzchen, Smileys, Blümchen auf den Rändern. Zur Strafe: das komplette Heft abschreiben. Es war meine nüchterne Mutter, die neben mir saß und versuchte mich zu trösten, als ich unter Tränen und völlig überfordert Zeile um Zeile abschrieb. Die Arbeit erschien mir grenzenlos, und die Strafe erfüllte ihren Zweck natürlich nicht. Meine Hefte blieben katastrophal, aber meine Lehrerin gab irgendwann auf und duldete meine Schlampigkeit mit missachtenden Blicken.

Einen missachtenden Blick und einen Anschiss erntete ich auch, als ich einmal eine Entschuldigung für meine lückenhaften Mathehausaufgaben bei ihr abgab:

> *Meine Tochter Lisa konnte ihre Hausaufgaben nur unter Tränen erledigen. Ich bitte Sie, die unvollständige Hausaufgabe zu entschuldigen.*

Es war in einer der »normalen Phasen« gewesen, als ich mit der Mathehausaufgabe nach Hause kam. An den Tagen, an denen meine Mutter nicht ansprechbar war, wäre ich nie auf die Idee gekommen, irgendjemanden darum zu bitten, mir bei meinen Hausaufgaben zu helfen. War sie aber nüchtern, klebte ich mich gleich an sie mit all meinen Problemen und bestürmte sie mit meinen Emotionen. Das wiederum überforderte meine ohnehin instabile Mutter regelmäßig. So kam es an diesem einen Tag dazu, dass ich sie bei einer Rechenaufgabe um Hilfe bat und ihr Versuch, mir zu helfen, in einem Tränenmeer endete. Meine Mutter, die Mathe selbst hasste, fand keinen Zugang zu mir, und mir fehlte jegliche Regulation. Die Stimmung schwankte zwischen gutem Willen, Ungeduld und Wut, und irgendwann reichte es ihr, und sie schrieb mir die Entschuldigung. Der Zettel in meiner Tasche war die Rückendeckung, die ich mir so sehr von ihr wünschte. Ich fühlte mich richtig wohl mit meiner kleinen Extrawurst. Mit diesem Triumphgefühl übergab ich meiner Lehrerin den Brief, und sie öffnete ihn sofort, runzelte die Stirn, erklärte mir kopfschüttelnd, was sie davon hielt (nämlich gar nichts), und schrieb sich einen Vermerk in ihre Unterlagen. Mein Stolz wandelte sich unmittelbar in Scham um, und ich fragte mich, was sich meine Mutter und ich eigentlich dabei gedacht hatten.

Fluchtpunkte

Neben diesem stillen Drama zu Hause und in der Schule gab es auch so etwas wie glückliche Momente. Kleine Fluchtpunkte, die mich durch diese Zeit getragen haben. Zwei dieser Inseln waren meine beiden besten Grundschulfreundinnen, Lina und Malin. Ich liebte es, meine Zeit mit ihnen zu verbringen, allerdings aus unterschiedlichen Gründen.

Lina war die Tochter eines evangelischen Pfarrers. Ihr Haus war mit der Kirche und dem Gemeindehaus verbunden, und wir durften, wenn keine Messe stattfand, überall spielen und toben. Wir versteckten uns unter den Bänken in der Kirche, klimperten auf dem Klavier, rannten durchs Gemeindehaus. Kopierten unsere Gesichter auf dem riesigen Kopierer im Pfarrbüro. Alles war erlaubt. Linas Vater spielte mit uns Fangen und Fußball im Hof. Er baute uns ein Zelt im Garten auf, in dem wir übernachten durften. Linas Mutter holte uns nachts aus dem Zelt heraus, weil sie Angst um uns hatte. Dann kuschelte sie mit uns, als wären wir beide ihre Kinder. Lina konnte Klarinette spielen und Ski fahren. Ihr Elternhaus war der Himmel auf Erden. Am liebsten wäre ich bei ihr eingezogen und hätte mich von ihren Eltern adoptieren lassen. Der einzige Haken: Lina selbst war für meine Begriffe zu ängstlich und wollte nicht bei allem Blödsinn mitmachen, den ich außerhalb ihres Elternhauses anstellen wollte.

Dafür hatte ich Malin. Sie wohnte bei ihren Großeltern, weil ihre Eltern sich nicht um sie kümmern konnten. Malins Oma tat alles, um ihre Enkeltochter diese Tatsache vergessen zu lassen und ihr ein schönes Zuhause zu bieten. Sie erledigten gemeinsam Hausaufgaben und *Ommse*, wie Malin sie nannte, behielt immer den Überblick. Sie bastelte und backte viel mit uns und war da, wenn

Malin sie brauchte. Die Sorgen der Familie hingen trotzdem spürbar in der Luft. Wenn ich bei Malin in ihrem Zimmer unterm Dach übernachtete, drehten wir den Kassettenrekorder beim Einschlafen auf volle Lautstärke, um ihre Großeltern im Erdgeschoss nicht diskutieren zu hören. Malin und ich streunten draußen herum und erzählten uns Gruselgeschichten. Wir schwänzten gemeinsam die Textil-AG und klauten Eis in der Schulküche. Wir schauten Horrorfilme, besorgten uns Zigaretten am Automaten und rauchten sie hinter der Schule. Lina machte auch einmal mit, aber wir lachten sie aus, weil sie nur paffte, und sie war klug genug, es nicht weiter zu versuchen.

Hilferufe

Ich wiederum legte es darauf an, von den Lehrer:innen erwischt zu werden, und ließ in der vierten Klasse sogar einmal mit Absicht die Schachtel Camel aus meinem Schulranzen plumpsen. Direkt vor die Füße einer Referendarin, die ich sehr bewunderte. Dieser unbeholfene Versuch, von der neuen Lehrerin Aufmerksamkeit zu bekommen, markiert rückblickend den Startpunkt eines neuen Umgangs mit meiner Situation. Was mich lange erstarren ließ, tieftraurig und einsam machte, fing an, sich in Rebellion und Wut umzuwandeln. War meine Mutter betrunken, weinte ich nicht mehr, sondern nutzte die Situation aus, um ihr heimlich den Geldbeutel zu plündern und ihre Zigaretten zu klauen. Bisher hatte ich alles gegeben, um bloß nicht aufzufallen und meine Mutter zu schützen. Das hatte sich nun geändert. Es wurde mir immer unwichtiger, ob sie es mir verbot oder nicht, über ihre Abhängigkeit und unsere Einsamkeit zu sprechen.

Heute weiß ich, dass ich die Zigaretten aus einem ganz bestimmten Grund fallen ließ: Ich wollte unbedingt, dass die Lehrerinnen ein Gespräch mit meiner Mutter führten und dabei merkten, dass etwas nicht stimmte. Der Plan ging nicht auf. Das lag vor allem daran, dass ich das traurige Schauspiel um den Akt erweiterte, die Lehrerin anzubetteln, meiner Mutter eben nichts zu erzählen. Ich wollte ja authentisch wirken und spielte meine Rolle so gut, dass ich sie unabsichtlich überzeugte. Die Referendarin meinte es gut mit mir.

Mein heimlicher und schlecht geplanter Hilferuf war gescheitert, und ich war zunehmend davon überzeugt, dass ich machen konnte, was ich wollte. Anders als bei Lina und Malin gab es niemanden, der mich in seinen persönlichen Mittelpunkt gerückt hätte.

Trotzdem: Es hätte mich schlimmer treffen können. Ich redete gern und konnte mich gut ausdrücken. So lieferte ich im Unterricht Beiträge, die mir meine Dreier sicherten. Ich hatte keinen Migrationshintergrund und musste mich nicht noch zusätzlich mit einer fremden Sprache und Kultur vertraut machen. Ich hatte wunderbare Geschwister. Wir lebten nicht in Armut, sondern in einem Haus, das durch die Lebensversicherung meines Vaters abbezahlt war. Jedes Kind hatte sein eigenes Zimmer. Die meisten meiner heutigen Schüler:innen haben solche Privilegien nicht.

Land in Sicht

Es war auch mein Glück, dass meine Mutter drei Jahre nach dem Tod meines Vaters ihre letzte Energie zusammennahm und eine Beratungsstelle fand, zu der sie nun regelmäßig ging. Dort wurden auch Gruppenstunden für uns als Familie angeboten, auf die ich mich immer wahnsinnig freute. Sie waren die einzige gemeinsame Aktivität, die wir als Familie regelmäßig unternahmen. Das war ein wichtiger Schritt. Meine Mutter fühlte sich verstanden und lernte, ihre Emotionen zumindest einigermaßen zu kontrollieren. Die Abstände zwischen »komischen« und »normalen« Phasen wurden langsam größer. Die »komischen« Phasen kürzer. Wir atmeten ein und aus, und es kam immer häufiger vor, dass ich die 3:00 Uhr verschlief. Meine Mutter hat den Alkohol nicht ganz aufgegeben. Aber sie hat den Kurs in Richtung Katastrophe aus eigener Kraft gewechselt.

Das Ende der Grundschule – Der Beginn einer Bildungsbiografie

Am Ende der vierten Klasse hielt ich mein Empfehlungsschreiben für die Realschule in der Hand. Ich war traurig, weil Malin und Lina aufs Gymnasium gingen. Alles andere war mir egal. Ich fragte mich nicht, welche Schule die bessere war. Realschule, das war solide. Das fand auch meine Mutter. Außerdem ging auch mein Bruder dorthin, bevor er nach drei Jahren auf die Hauptschule wechseln musste. Mein Ziel war also nicht sehr hochgesteckt: nicht von der Schule fliegen.

Die Realschule hat in der Logik des Systems ihre Berechtigung, keine Frage. Aber ich möchte mich heute fragen dürfen: Was hätte in der Schule anders laufen müssen, damit aus der wissbegierigen Erstklässlerin nicht ein frustriertes, zurückgelassenes und wütendes Mädchen geworden wäre, das unter seinen Möglichkeiten blieb? Ein Mädchen, das nicht nur schreiben, lesen, rechnen lernte, sondern auch lernte, die Schule zu hassen. Ein Mädchen, das mit nicht einmal neun Jahren schon überzeugt davon war, nicht fürs Lernen gemacht zu sein. Das stattdessen die Glaubenssätze sammelte, unordentlich, unkonzentriert und zu laut zu sein. Vor allem aber ein Mädchen, das in einer Institution, die von Erwachsenen für Kinder geschaffen wurde, keine:n einzige:n Ansprechpartner:in fand.

Was mir an dieser Stelle wichtig ist: Weder meine Mutter noch meine beiden Lehrerinnen tragen die Verantwortung für all das. Sie haben das gegeben, was sie in diesem Moment geben konnten. Meine Mutter war allein mit drei Kindern und ihren Sorgen. Meine Lehrerinnen waren allein mit mehr als zwanzig Kindern, mehr als zwanzig persönlichen Hintergründen und einem elementaren Lehrauftrag. Auch sie hatten keine Möglichkeit, sich wirklich auszutauschen. Sie hatten nicht die Möglichkeit, richtig hinzugucken, nachzuhaken. Sie waren selbst gefangen in einem System, das ihnen zu viel zugemutet hat.

Die Lücken im System

Dieses System ist das Schulsystem. Tatsächlich hätte die Schule nicht nur großes Potenzial, das Scheitern von Kindern wie mir zu vermeiden. Sie ist im Sinne des Erziehungsauftrags als Partnerin der Eltern eigentlich sogar dazu verpflichtet, den Kindern individuell zu begegnen.

Der Erziehungsauftrag der Schule ist zumindest in jedem der 16 deutschen Landesschulgesetze verankert. In dem für Nordrhein-Westfalen geltenden Schulgesetz heißt es zum Beispiel, dass »Schule und Eltern (...) bei der Verwirklichung der Bildungs- und Erziehungsziele partnerschaftlich zusammen (wirken).«

Ich habe diesen von vielen Unterpunkten des Paragrafen ausgewählt, weil in ihm so viel Potenzial versteckt ist. Ernst genommen stellt dieser unscheinbare Satz die Grundlage für Chancengerechtigkeit dar. Denn wie genau »partnerschaftliches Zusammenwirken« aussehen muss, das unterscheidet sich grundlegend von Kind zu Kind, von Familie zu Familie. Es muss also in jedem Fall individuell verstanden werden. Hätte unser Schulsystem die Kapazität, dieser Individualität nachzukommen, könnten Kinder bedürfnisorientiert und nachhaltig durch die Grundschule und darüber hinaus begleitet werden. Denn die Schule würde in vielen Fällen erkennen, dass ihr Partner – das Elternhaus – nicht in der Lage ist, das Kind angemessen zu unterstützen, zu fördern und zu stärken. Und wie das in einer gesunden Partnerschaft eben ist, würde mal die eine Seite mehr übernehmen und mal die andere. Schule müsste in einem solchen Fall eine Struktur haben, die abfangen kann, was die Eltern nicht leisten können. Ein Netzwerk aus Personen, die sich den dringenden Bedürfnissen des Kindes und der dahinterstehenden Familie widmen können. Nur so hat ein Kind, dessen Familie es nicht unterstützen kann, die gleichen Chancen wie seine Mitschüler:innen aus gefestigten Elternhäusern. Nur so hat eine Lehrkraft die Chance, ihren Job gut zu machen.

Stattdessen sieht die Partnerschaftlichkeit zwischen Schule und Eltern meistens so aus, dass eine Unterschrift unter die Schulordnung gesetzt oder der zehnminütige Termin beim Elternsprechtag wahrgenommen wird. Zu mehr Kontakt kommt es lediglich, wenn Kinder besonders verhaltensauffällig oder Eltern besonders engagiert sind. Die besonders auffälligen Kinder werden aber nur symptomatisch behandelt: Ihr »Fehlverhalten« muss sich ändern. Das Ziel ist, dass diese Kinder den Unterrichtsfluss nicht stören, dass sie nicht zu viel Arbeit machen. Das gemeinsame *Wie* und erst recht das *Warum* bleiben dabei völlig auf der Strecke. Denn dafür bräuchte es ein umfassendes Interesse an Eltern und Kind. Für wirkliches Interesse am Kind bräuchte es kleinere Klassen, mehr Zeit und mehr Personal. Auf all das werde ich im Laufe des Buches noch zu sprechen kommen.

Bei mir hätte diese individuelle Betreuung geheißen: Aufmerksamkeit. Ich habe mir nichts sehnlicher gewünscht als eine erwachsene Person, die sich mir gewidmet, mir zugehört und mich unterstützt hätte. Wären in meiner Schule damals neben meiner Klassenlehrerin noch weitere Pädagog:innen im Klassenzimmer gewesen, dann hätte sie zum Beispiel die Möglichkeit gehabt, mich gezielter von ihnen betreuen zu lassen und ihre Aufmerksamkeit der Wissensvermittlung zu widmen. Dann wäre mein Chaos vielleicht als Symptom einer häuslichen Schieflage erkannt und behandelt worden.

Nichts dazugelernt

Man könnte meinen, inzwischen habe sich etwas geändert und die Schulen hätten erkannt, dass zu viele Kinder in diesen Strukturen abgehängt werden. Die Wahrheit ist: Das Bildungssystem hat sich in den letzten zwanzig Jahren – abgesehen von zahlreichen und wenig erfolgreichen Mikroreformen – in seinen Grundzügen nicht verändert. Entsprechend tragen die Eltern oder die Lehrer:innen von heute ebenso wenig die Verantwortung für das Scheitern jener Jugendlichen, um die es in diesem Buch noch gehen wird. Es sind die Strukturen, die diese Kinder vernachlässigen. Es gibt kein ausreichendes Netzwerk, niemanden, der sie betreuen könnte. Stattdessen versuchen einzelne engagierte Lehrkräfte, ihre Schützlinge irgendwie auf den richtigen Weg zu bringen. Und so hängt es vom persönlichen Glück der Schüler:innen ab, ob sie zufällig an eine Lehrkraft mit ausreichend Kapazität geraten oder eben nicht.

Bei genauerem Hinsehen scheint es also fast absurd: Eine Institution wie die Schule macht sich zur Aufgabe, ausnahmslos alle Kinder dieses Landes zu begleiten und zu prägen. All diese Kinder sollen sich bilden, um nichts Geringeres zu werden als die zukünftige Gesellschaft. Diese Bildungsreise starten alle Kinder qua Gesetz gemeinsam, was sich erst mal nach Gerechtigkeit anhört. Doch um von diesem Startpunkt aus auf die richtige Bahn zu kommen, bedarf es viel Unterstützung. Schule aber ist so organisiert, dass sie längst nicht in der Lage sein kann, diese Unterstützung für alle zu gewährleisten. Sie übergibt diese Aufgabe wie selbstverständlich an die Elternhäuser der Kinder. Und damit hängt es von nichts anderem als der sozialen Herkunft ab, ob und wie diese Kinder ihre Reise bestreiten.

KAPITEL 2 – DAS CHAOS IM SCHUL-RANZEN – CHANCEN AUF DEM RÜCKEN

Am Anfang war kein Arbeitsheft

Alpirslan aus der Sechsten und ich haben ein Problem: sein Arbeitsheft. Oder besser: kein Arbeitsheft. Es beginnt ganz harmlos in einer der ersten Deutschstunden in diesem Schuljahr. Ich will, dass die Kids Aufgaben in ihrem Arbeitsheft bearbeiten. Das Arbeitsheft ist ein begleitendes Aufgabenheft zum Deutschbuch, so wie das Workbook im Englischunterricht. Es muss in der Regel zu Beginn des Schuljahres von den Eltern der Kinder bestellt und gekauft werden.

Alpirslan ruft aus der letzten Reihe nach vorne: »Ich hab kein Arbeitsheft!« und ich rufe zurück: »Warum nicht?« – »Keine Ahnung!« Seine Begründung ist so unkreativ wie mein Lösungsvorschlag: »Okay, dann red mal mit deinen Eltern!« Er nickt, und ich gebe ihm und ein paar anderen Schüler:innen eine Kopie der Aufgaben, die ich zur Sicherheit vorher gemacht habe. In der nächsten Stunde kontrolliere ich die Hausaufgaben. Als ich bei Alpi und seinem leeren Tisch vorbeikomme, zuckt er mit den Schultern: »Ich hab ja kein Heft!« – »Aber ich habe dir doch eine Kopie gegeben?!« – »Ach so, ich glaub, die hab ich verloren!«

Er fischt einen augenscheinlich sehr schweren, halb offenen Rucksack unter dem Tisch hervor, um ihn genervt auf seinen Schoß zu hieven. Lustlos öffnet er den Reißverschluss bis zum Anschlag, sodass der komplette Inhalt erst zur Seite rutscht und sich dann schließlich schwallartig aus dem Rucksack ergießt. Zum Vorschein kommen sämtliche Zettel, die er in diesem Schuljahr, und vielleicht auch schon im letzten, gesammelt hat. Dazwischen ein paar alte, leere Schnellhefter, so etwas wie Hefte, ein oder zwei Bücher. Das alles liegt jetzt kreuz und quer auf dem Boden um ihn herum verteilt. Fluchend taucht er ab, bevor er anfängt, den Inhalt seines Rucksacks zusammenzurudern. »Ich find den nicht!« Immer noch rudernd schaut er von unten zu mir hoch, und ich notiere mir einen Hausaufgabenstrich. »Der wievielte ist das?« Jetzt scheint er einigermaßen besorgt. »Der zweite«, antworte ich. »Easy!« Mit abwinkender Handbewegung streicht er seine Sorgen vom Tisch und taucht wieder ab in sein Zettelmeer.

Nach dieser Stunde schreibe ich Alpi die erste Elternmitteilung, in der ich darum bitte, das Arbeitsheft zu besorgen. Zur Sicherheit schreibe ich den genauen Titel, den Link zur Bestellung und die ISBN noch mal mit auf den Zettel. Die Notiz sollen die Eltern unterschreiben, und Alpi soll sie wieder zurückbringen. Nichts davon passiert. Stattdessen öffnen sich ein paar andere Baustellen. Das Schuljahr läuft, und Alpi wird es jetzt nicht nur in Deutsch langweilig, hinten in der letzten Reihe, ohne passendes Material. Er hat keine festen Schulhefte, lediglich einen Block, ihm fehlen Bücher, er vergisst grundsätzlich Zettel, und wenn er sie in seinem Rucksack wiederfindet, sind sie in unbrauchbarem Zustand. Die Lehrer:innen beschweren sich bei ihm: dein Heft? Dein Buch? Der Zettel? Ach komm, du musst doch, das geht so nicht. Die Mutter unerreichbar, der Vater unauffindbar. Einige Lehrkräfte kopieren noch weiter Arbeitsmaterial für Alpi, das er wieder verlieren wird. So läuft es eine Weile, aber es dauert nicht lange, da ist Alpi richtig frustriert.

Er hat keinen Bock mehr. Er hat keinen Bock auf Anschiss und keinen Bock auf Extrawürste in Form von Kopien. Alpi hat keinen Bock mehr auf das ganze Chaos und den Ballast, den er auf seinem Rücken trägt. Also fängt er an, die Kopien, die die Lehrer:innen ihm mitbringen, erst gar nicht in seinen Rucksack zu stopfen, sondern Papierflieger daraus zu bauen. Manchmal lässt er sie einfach liegen. Seine Lehrer:innen treten drauf und ärgern sich: »Dafür hab ich dir die Kopie gemacht?« Sie hören irgendwann auf mit dem Extraservice. Alpi, der fast nie die Hausaufgaben erledigt, kann in manchen Arbeitsphasen nicht mehr mitarbeiten und ist gezwungen, bei seinem Sitznachbarn mit reinzuschauen. Das funktioniert nicht, mal weil sie beste Freunde sind, mal weil sie sich hassen. Jedenfalls bekommen beide nichts mehr vom Unterricht mit. Alpi bekommt dafür schriftliche Ermahnungen, die ins Leere laufen. Er ist und bleibt das pure Chaos. Unselbstständig, zerstreut, latent aggressiv.

Das häusliche Chaos

Wenn ich Kinder wie Alpi sehe, denke ich zwangsläufig an meinen Bruder. Wie er in seinem Zimmer steht, mit hängenden Schultern, müde und ratlos. Alle Dinge, die er besitzt – Klamotten, Videospiele, Bücher, CDs, sämtliche Kabel und Plastikflaschen – türmen sich in der Mitte des Zimmers zu einem riesigen Berg. Mein Bruder steht davor, fängt den Wiederaufbau an, und ich helfe ihm. Schweigend arbeiten wir uns daran ab. Ein Teil nach dem anderen muss an einen sinnvollen Platz. »Räum endlich auf!«, das war der Auftrag, den meine Mutter ihm beim Herausgehen resigniert aufgetragen hatte. In ihrer eigenen Ratlosigkeit hatte sie kein Teil ausgelassen und alles, was er besaß, auf den Boden geworfen. Jetzt sollte er am Zug sein.

Es war der größte Streitpunkt zwischen ihm und meiner Mutter: die Unordnung. Mein Bruder liebte es zu tüfteln, und er interessierte sich für alles, was mit Computern zu tun hatte. Ständig saß er mit einem Feuerzeug und irgendwelchen dünnen Kabelfasern vor seinem schrottigen PC und lötete die Kabel zusammen, pustete Staub aus Rillen oder schraubte Abdeckplatten ab und wieder an. Weil sein Computer immer wieder kaputtging und ihm niemand einen neuen kaufen konnte, versuchte er sich selbst zu helfen, um sein Hobby ausleben zu können. Aus dem staubigen Gewirr auf seinem Schreibtisch ragte hier und da ein Schulheft heraus, das, wenn überhaupt, als Unterlage zum Löten diente. Meine Mutter, überfordert, traurig und instabil, fühlte sich von seiner Unordnung regelrecht bedrängt. Das Zimmer meines Bruders wurde zum Symbolbild ihres mentalen Zustands. Sie schien keine Kontrolle mehr darüber zu haben. Obwohl er es war, den sein Zimmer am wenigsten störte, versuchte mein Bruder immer wieder, dem Wunsch meiner Mutter nachzukommen, irgendwie für Ordnung zu sorgen. Aber ein Kind allein kann schlecht das Aufräumen anfangen, wenn das Leben, das es umgibt, das reinste Chaos ist. Wenn Plätze frei sind, die nicht frei sein sollten, zum Beispiel durch den Verlust des Vaters. Wenn es zu viele schmutzige Ecken gibt, an die sich keiner mehr herantraut.

Dann und wann hielt es meine Mutter also nicht mehr aus, ging in sein Zimmer und machte kurzen Prozess. Sie bewog ihn zum Aufräumen, indem sie sein Zimmer so »umorganisierte«, dass er darin nicht einmal mehr am Computer basteln oder Videospiele zocken konnte. Wie das Abschreiben meines Deutschhefts in der dritten Klasse, schien mir der Berg an Dingen, die es aufzuräumen galt, ähnlich uferlos, und ich gab irgendwann auf. Mein Bruder blieb mit seinem Problemberg allein.

Ähnlich wie sein Zimmer sah auch sein Schulranzen aus. Auch er konnte seine Hausaufgaben nicht abgeben, weil er sie entweder nicht erledigte oder nicht wiederfand. Auch er bastelte aus Arbeitsblättern Papierflieger, statt sie einzuheften, und auch er ergab sich irgendwann seinem Chaos und richtete sich in seiner Rolle ein.

Einige Lehrerinnen auf der Realschule fragten mich deshalb direkt in der ersten Stunde, ob ich seine Schwester sei, und verdrehten die Augen, als ich bejahte. Er war in der siebten Klasse, als ich als Fünftklässlerin anfing. Er hatte einen Stempel, der sich, kaum war ich auf der neuen Schule, schon auf mich abzufärben begann.

Wie bei Alpi ergab auch bei meinem Bruder schnell eines das andere. Als er – ein vorläufiger Tiefpunkt war erreicht – einmal betrunken in die Schule kam, sagte einer seiner Lehrer: »Mein Job ist es, Wissen zu vermitteln, und nicht die Erziehungsfehler deiner Eltern zu korrigieren.« Damit war das Thema vom Tisch.

Wie oft hat mein Bruder zu hören bekommen, in der Schule und zu Hause, dass er es nicht draufhat? Wie oft haben Menschen ihm aufgrund seiner Unordnung bescheinigt, er habe sein Leben nicht im Griff? Und wie selten hat ihm jemand seine Hilfe angeboten?

Er blieb dann auch in der siebten Klasse sitzen, und uns trennte nur noch ein Jahr. Nach diesem Jahr musste er die Realschule ganz verlassen und landete auf der Hauptschule. Nach dem Hauptschulabschluss fing er eine Ausbildung an und brach sie ab.

Viel Frust und ein Zufall

Und dennoch: Mein Bruder, der Chaot, hat sein Leben noch aufgeräumt. Er hat die Realschule nachgeholt, eine neue Ausbildung angefangen und sie abgeschlossen. Sich verbeamten lassen und eine Familie gegründet. Als ich ihn frage, wie er das hinbekommen hat, erzählt er mir zunächst von seinem Frust darüber, dass er sich mit seinem Hauptschulabschluss nur auf Stellen bewerben konnte, die ihn auf ganzer Linie unterforderten. Dieser Frust ließ ihn seine erste Ausbildung hinschmeißen und bewog ihn dazu, den Realschulabschluss an der Abendschule nachzuholen. Als Nächstes berichtet mein Bruder von einem Zufall: Er hörte im Auto eine Jobwerbung im Radio. Er bewarb sich sofort, jetzt mit dem Realschulabschluss in der Tasche, und wurde genommen. In diesem Job arbeitet er nun seit mehr als 15 Jahren.

Aus Geschichten wie dieser speisen sich Mythen wie »Jeder kann es schaffen« oder »Kein Abschluss ohne Anschluss«. Das, was mein Bruder geschafft hat, ist aber nicht die Norm. Es ist die seltene Ausnahme, auf der sich unser Bildungssystem ausruht. Viel Frust und ein Zufall. Das sind die Weichensteller des vermeintlichen Bildungsaufstiegs meines Bruders gewesen. Und das nach elf Jahren in vier verschiedenen Schulformen. Kein:e Sozialarbeiter:in, kein:e Lehrer:in, kein:e Psycholog:in, die ihn gepusht oder auch nur empathisch begleitet hätte. Stattdessen viel Frust und ein Zufall.

Auf anderen Planeten

Während Kinder wie mein Bruder oder Alpi damit zu kämpfen haben, ihre Arbeitsmaterialien zu besorgen und instand zu halten, fährt Jonas, ein 13-jähriger Gymnasiast, mit seiner Mutter zum Schreibwarenhandel. Gemeinsam besorgen sie Styroporkugeln, Holzstäbchen, Nylonfaden und Acrylfarben, um ein Planetenmobile für den Biologieunterricht zu basteln. Unbekümmert hatte er die Anleitung von der Schule mit nach Hause gebracht und seiner Mutter in die Hand gedrückt. »Was soll der Scheiß?«, hat er gefragt, und seine Mutter hat dasselbe gedacht, sich aber zusammengerissen und nur ein bisschen vor sich hin gemeckert. Dann hat sie einen Termin abgesagt, weil die Abgabe des Mobiles schon für den nächsten Tag angesetzt war.

»Wir haben momentan nur noch diese Acrylfarben«, sagt die Verkäuferin und zeigt auf die teuersten. Hauptsache Farben, denkt Jonas' Mutter und greift zu. Zu Hause googeln sie gemeinsam an einem der heimischen Computer das Planetensystem, und weil Jonas keinen Bock hat, bastelt seine Mutter das Mobile am Ende beinahe allein. »Aber du bleibst wenigstens hier sitzen und guckst zu!«, ermahnt sie ihren Sohn, der lieber zocken will, wie die meisten Kinder in seinem Alter. Seine Mutter bewegt ihn immerhin noch dazu, die Kugeln selbst zu bemalen, damit die Planeten nicht zu schön werden und ihm womöglich Nachteile entstehen. Jonas bekommt eine Zwei, und seine Mutter ist ein klein wenig beleidigt. Sie hatte sich doch so viel Mühe gegeben.

Als ich auf dem Gymnasium mein Referendariat machte, war ich selbst eine dieser Lehrerinnen, die den Kindern kuriose Bestellungen mitgab. Ich veranstaltete mit den Kindern zum Beispiel ein Theaterstück, und alle mussten verschiedene Requisiten mitbringen. Einen Kompass etwa oder eine Wünschelrute. Dinge, die man nicht unbedingt zu Hause herumliegen hat. Ich machte mir damals nicht allzu viele Gedanken darüber. Ich hatte wenig Unterrichtserfahrung und selbst noch nicht die Erfahrung, Schulkinder zu haben. Alle brachten also die entsprechenden Requisiten mit, und ich hinterfragte es nicht weiter. Es klappte einfach.

Dann kam ich auf die Brennpunktschule und plante mit meiner siebten Klasse eine Bastelarbeit zur Dekoration unseres Klassenzimmers. Wie selbstverständlich verteilte ich die Dinge, die besorgt werden mussten, auf die Schüler:innen. Die wiederum schienen richtig Lust auf das kleine Projekt zu haben und meldeten sich bereitwillig für die Besorgung von Glitzer, Transparentpapier, Wolle und so weiter. Als wir dann basteln wollten, hatte niemand die Sachen dabei. Niemand. Seitdem habe ich noch ein paar Mal unrealistisch geplant und mittlerweile gelernt, die Sachen selbst mitzubringen. Man könnte daraus jetzt den Schluss ziehen, dass die Kids auf dem Gymnasium zuverlässiger sind, vielleicht sogar schlauer, weil sie sich offensichtlich besser organisieren können. Oder man schaut hinter die Kulissen und erkennt, dass es in der Regel nicht die Kinder sind, die sich und ihr Zeug so vorbildlich organisieren, sondern ihre Eltern.

Die Klassen unserer Kinder

Einen Blick hinter die Kulissen bekomme ich im Gespräch mit meinen Kolleg:innen. Darunter gibt es einige, die selbst Kinder auf dem Gymnasium haben und sich entsprechend um deren Angelegenheiten kümmern. Die Diskrepanz zwischen den organisatorischen Möglichkeiten ihrer eigenen Kinder und denen ihrer Schüler:innen an der Haupt- und Realschule erleben sie tagtäglich. Sie stolpern darüber in Alltagssituationen, etwa wenn ihre Fünftklässler:innen keine Farbkästen haben. Aber auch bei besonderen Anlässen an der Schule ihrer eigenen Kinder, etwa dem Schulsommerfest mit selbst gemachtem Feinkostbuffet. Schulleben scheint nicht gleich Schulleben zu sein.

Eine dieser Kolleg:innen ist Anne. Sie hat drei Kinder, alle auf dem Gymnasium. Würde aus Annes Geschichten über den bunten Schulalltag ihrer Kinder nicht eine himmelschreiende Ungerechtigkeit sprechen, könnte ich mich regelmäßig über diese kleinen Episoden schlapplachen. Neben dem Basteln von Planetenmobiles und der Zubereitung von Karottenbutter fürs Buffet beim Sportfest sind die Eltern im Schulkontext dauerpräsent. Kein Vergleich zu unserer Schule und ihren ganz besonderen Herausforderungen. Anne hat mir zum Beispiel erzählt, wie ihre Tochter einmal eine Waage aus Alltagsgegenständen für den Physikunterricht basteln sollte. Von dieser Aufgabe waren nicht nur die Kinder überfordert, sondern auch die Eltern. Also diskutierten sie im Elternchat auf WhatsApp, die Waage nicht zu basteln und stattdessen dem Lehrer zurückzumelden, dass die Aufgabe unangemessen für Fünftklässler:innen sei. Fast war die Entscheidung gefallen, da sprang eine Mutter ab. Sie würden es schon irgendwie zusammen hinbekommen. Aus Zugzwang sprang nun ein Elternteil nach dem anderen ab, sodass am Ende alle Kinder, deren Eltern die Aufgabe übernahmen, eine Waage aus Kleiderbügeln, Joghurtbechern und anderen Haushaltsgegenständen in die Schule schleppten. Annes Tochter bekam für die Bastelarbeit ihres Vaters eine Eins.

Kinder wie Alpi oder mein Bruder hätten keine Waage mitbringen können. Deswegen gibt es Kinder wie Alpi oder meinen Bruder auf dem Gymnasium kaum. Nicht, weil sie nicht intelligent genug sind, sondern weil sie keine Eltern im Hintergrund haben, die den Überblick über ihre Zettelwirtschaft behalten oder sie bei absurden Bastelarbeiten unterstützen können. Keine Eltern, die beim Rucksackpacken helfen, keine Eltern, die sie an Abgaben erinnern oder mit ihnen zum Schreibwarenladen gehen. Doch um auf dem Gymnasium bestehen zu können, ist die Mitwirkung und Unterstützung der Eltern unverzichtbar.

Aufstieg – als ob!

Der These, dass Erfolg am Gymnasium maßgeblich von der Unterstützung der Eltern abhängt, wird häufig widersprochen. Dabei wird gern auf jene gezeigt, die es ganz allein zum Abitur und darüber hinaus geschafft haben. Durch den Blick auf solche Erfolgsgeschichten entsteht leicht der Eindruck, die Schüler:innen müssten sich nur genug anstrengen. Genug Biss haben. Diesem falschen Eindruck liegt ein typisches sozialpsychologisches Phänomen zugrunde: der Survivorship Bias, auf Deutsch auch Überlebensirrtum genannt. Er beschreibt die Tatsache, dass die Wahrscheinlichkeit, in einer Sache Erfolg zu haben, systematisch überschätzt wird. Die wenigen Menschen nämlich, die trotz aller Widrigkeiten Erfolg im Bildungssystem haben, sind öffentlich viel stärker präsent als die vielen anderen, die an den Hürden ihres Bildungswegs gescheitert sind. Ihre Geschichten bleiben in den Köpfen hängen – und die große Mehrzahl der Schüler:innen, die auf der Strecke bleibt, ist kaum sichtbar.

Tatsächlich hat längst nicht jede:r die Möglichkeit, einen sogenannten Bildungsaufstieg zu schaffen – auch wenn es vereinzelt Menschen hinbekommen. Die vielen Stimmen derer zum Beispiel, die es trotz ihres Potenzials gar nicht erst von der Grundschule aufs Gymnasium geschafft haben oder es wieder verlassen mussten, kommen in dieser Erzählung nicht zu Wort. Genau diese Kinder müssen aber der Maßstab sein, wenn es um die Frage geht, ob Chancengleichheit herrscht. Es ist Augenwischerei, einzelne Erfolgsgeschichten, die stark von der Norm abweichen, als Beweis für die Durchlässigkeit unseres Bildungssystems heranzuziehen.

Abgesehen davon halte ich es für wenig hilfreich, immer nur das Endprodukt einer Bildungsbiografie zu betrachten. Am Ende steht in den Lebensläufen der Aufsteigerkinder vielleicht das Abitur oder der Bachelor. Was aber nirgendwo steht, ist die gefühlte Unzulänglichkeit, die sie in unzähligen Situationen gespürt haben und die oft ihren Alltag bestimmt hat. Wie oft haben sie sich geschämt oder viel mehr anstrengen müssen als diejenigen, die die Unterstützung bekommen haben, die ihnen zustand? Wie oft haben sie gespürt, dass sie und ihre Eltern irgendwie nicht richtig dazugehören?

Chancen oder Ballast

Alpi und Jonas. Zwei stinknormale Jugendliche. Zwei vollgepackte Rucksäcke. Der eine mit Ballast, der andere mit Chancen. Jonas kann sich auf seine Mama verlassen. Sie gibt ihm die Unterstützung, die er braucht und verdient hat, um seine Schulsachen geregelt zu bekommen und unbeschwert zu lernen. Alpis Eltern haben diese Kapazitäten nicht. Deswegen hat Alpi nur seine Klassenleitung, die er sich mit 25 anderen Kindern teilen muss. Was passiert also mit Alpi, wenn sich die Einträge im Klassenbuch häufen? Wenn schwarz auf weiß zu sehen ist: Alpi eckt an, Alpi kommt nicht mehr mit, Alpi hat ein Problem. Wenn sich immer mehr Kolleg:innen bei Alpis Klassenleitung beschweren? Kommt drauf an. Denn die Klassenleitung hat hierzulande nun unterschiedliche Möglichkeiten, mit seiner Situation umzugehen.

Variante 1

1. Die Klassenleitung erfährt von ihren Kolleg:innen, dass Alpi nur schlecht zurechtkommt, und sieht sich in ihrem Eindruck bestätigt.
2. Die Klassenleitung bittet alle Fachlehrer:innen, im Klassenbuch zu dokumentieren, wenn Alpi kein Material dabeihat.
3. Nach einigen Wochen führt sie ein Telefonat mit Alpis Mutter, bei dem sie diese mit den unzähligen Einträgen im Klassenbuch konfrontiert. Die Mutter spricht nur wenig Deutsch, gelobt aber Besserung, ohne wirklich zu wissen, worum es geht.
4. Ein paar Wochen vor dem Ende des Schuljahres schreibt die Klassenleitung einen Brief, den sie per Post verschickt. Er informiert Alpis Eltern darüber, dass seine Versetzung gefährdet ist.
5. Sie führt abermals ein Telefonat mit der Mutter und versichert sich, dass der Brief angekommen ist.
6. Bei der Zeugniskonferenz wird beschlossen, dass Alpi die sechste Klasse wiederholt.
7. Organisierter wird er dadurch nicht. Aber die Klassenleitung hat ihren Job gemacht.

Variante 2

1. Die Klassenleitung erfährt von ihren Kolleg:innen, dass Alpi nur schlecht zurechtkommt, und sieht sich in ihrem Eindruck bestätigt.

2. Die Klassenleitung bittet alle Fachlehrer:innen, im Klassenbuch zu dokumentieren, wenn Alpi kein Material dabeihat.
3. Nach einigen Wochen führt sie ein Telefonat mit Alpis Mutter, bei dem sie sie mit den unzähligen Einträgen im Klassenbuch konfrontiert. Die Mutter spricht nur wenig Deutsch, und es ist schwierig, ihr deutlich zu machen, worum es geht.
4. Die Klassenleitung bleibt hartnäckig und schafft es, die Mutter zu einem Gesprächstermin in die Schule einzuladen.
5. Die Klassenleitung organisiert eine Person, die dolmetschen kann.
6. Beim Gespräch kommt heraus, dass Alpis Mutter nicht nur überfordert, sondern verzweifelt ist. Sie hat nun die Möglichkeit, ihre Situation zu schildern, ohne an sprachliche oder kulturelle Grenzen zu stoßen.
7. Die Lehrkraft hört ihr zu. Es wird klar, dass die Mutter Unterstützung braucht. Deswegen stellt die Klassenleitung Kontakt mit der Schulsozialarbeit her. Die Sozialarbeiter:innen können im besten Fall eine Erziehungshilfe über das Jugendamt organisieren. Auf jeden Fall führen sie von jetzt an regelmäßige Gespräche mit Alpi, bei denen er sich seinen Frust von der Seele reden kann.
8. Die Lehrkraft bleibt den Rest des Schuljahres im engen Kontakt mit Mutter und Sozialarbeiter:innen. Sie telefonieren, sie treffen sich zu Gesprächen in der Schule.
9. Alpi hat gelernt, dass es in der Schule Ansprechpartner:innen gibt, die ihn und seine Situation kennen und verstehen. Diese Ansprechpartner:innen unterstützen ihn bei der Organisation seiner Materialien. Er fasst im besten Fall Vertrauen, fühlt sich begleitet. Vielleicht kommt er im Unterricht nun besser mit.

In beiden – zugegeben sehr einfach dargestellten Modellen – hat die Klassenleitung ihren Job gemacht. In keiner der beiden Möglichkeiten wird sie besser bezahlt, niemand wird sie loben oder tadeln. Während es wenig wahrscheinlich ist, dass die erste Variante zu Alpis Zufriedenheit führt, hat die zweite etwas bessere Chancen. Diese Variante verlangt der Lehrkraft aber deutlich mehr ab. Es ist ihrem Dienstherrn, dem Land, zudem egal, ob sie sich engagiert oder nicht. Sie kann durch ihren Beamtenstatus nicht gekündigt werden, und die Aufstiegsmöglichkeiten in der Schule sind überschaubar. Allein ihr Maß an Idealismus entscheidet also, wie sie mit Schülern wie Alpi umgeht, wie viel Eigeninitiative sie zeigt. Das Traurige aber ist: Auch in der zweiten Variante bekommt Alpi nur das Minimum der Unterstützung, die er braucht. Denn die Schulsozialarbeit an Schulen ist längst nicht so breit aufgestellt, dass eine wirklich engmaschige Betreuung von allen bedürftigen Schüler:innen möglich ist. Das Gleiche gilt für die Klassenlehrkraft. Es gibt in der Regel nicht nur einen »Alpi«, sondern viel mehr Kinder mit Unterstützungsbedarf. Nebenbei dauerhaft dranzubleiben und sich ihm besonders anzunehmen, ist also eine wirkliche Herausforderung, wenn man den anderen Schüler:innen ebenfalls gerecht werden will.

Man kann nun der Meinung sein, dass Lehrer:innen dieses zusätzliche Engagement einfach aufbringen müssen und niemand diesen Beruf ergreifen sollte, ohne den Anspruch mitzubringen, die Kinder bestmöglich zu unterstützen. Aber selbst wenn alle Lehrer:innen immer die persönlichen Kapazitäten hätten, um 120 Prozent geben zu können und sich nichts aus Lob und Anerkennung machten: Sie könnten ihre Schüler:innen schlichtweg nicht angemessen unterstützen, weil sie zu viele Schüler:innen betreuen. Die Kinder mit Unterstützungsbedarf sind also erstens davon abhängig, dass ihre Lehrkraft engagierter ist, als es das System von ihr verlangt. Und zweitens, dass sich die Lehrkraft gerade ihnen widmet und nicht einem anderen Kind, das es ebenso gut gebrauchen könnte.

Damit kein Kind abgehängt wird, ist eine Infrastruktur nötig, die die Eltern, das Lehrpersonal und damit auch die Schüler:innen umfassend unterstützt. Das Bildungssystem müsste diese Infrastruktur von der ersten Klasse an vorgeben und ein Netz aus Instanzen spannen, die sich gegenseitig stützen, auffangen und ergänzen. Lehrer:innen, Psycholog:innen, Sozialarbeiter:innen, Schulbegleiter:innen, Pädagog:innen – sie müssten zusammenarbeiten, damit einzelne Lehrkräfte nicht dauerhaft überengagiert sein müssen, um das Nötigste zu gewährleisten.

»Das Nötigste« bedeutet auf der Schule im sozialen Brennpunkt übrigens etwas anderes als auf dem Gymnasium im bildungsbürgerlich geprägten Stadtteil. Während eine Lehrkraft auf dem gut situierten Gymnasium vielleicht noch Kapazitäten hat, ihr Engagement tatsächlich in Form von Zusatzangeboten zum Ausdruck zu bringen, verlangt ihr die Brennpunktschule im Alltag einiges mehr ab. Hier fallen die Zusatzstunden eher an, weil Briefe ans Jugendamt, an die Förderschule oder die Sozialarbeiter:innen geschrieben werden müssen. Hier ist es Alltag, in der Pause zwischen eine Schlägerei zu springen oder schon nach zwei Stunden unter den Schüler:innen mehr Beleidigungen gehört zu haben als normale Sätze. Das zwischenmenschliche Anspannungslevel ist deutlich höher, und nicht selten eskalieren Situationen.

Um hier keine Klischees zu nähren: Eskalation bedeutet dann nicht Schießereien oder andere filmreife Horrorszenarien. Eskalation bedeutet zum Beispiel, lautstark mit Schüler:innen zu diskutieren, während sich um einen herum ein Pulk an aufgeregt schreienden Teenagern bildet. Eskalation bedeutet, wütende Achtklässler:innen auseinanderzuhalten, einem Schüler ein Messer abzunehmen oder eine Schülerin durch eine Panikattacke zu begleiten. Ich habe auch auf dem Gymnasium Schlägereien erlebt, und selbstverständlich haben auch dort die Kinder Probleme, die sie mit in die Schule nehmen. Aber diese Dinge waren nicht an der Tagesordnung, sondern blieben einzelne Vorfälle, denen man nachgehen und die man aufarbeiten konnte. An der Brennpunktschule hingegen lasse ich gezwungenermaßen sehr häufig fünfe gerade sein, weil alles andere logistisch gar nicht möglich wäre. Es gibt nahezu jeden Tag einen »Vorfall«, von dem ich direkt betroffen bin. Eine Brennpunktschule braucht also eine andere Form der Unterstützung als eine Schule, die solchen Herausforderungen nicht ausgesetzt ist.

Das Problem ist aber: Das Bildungssystem bietet keine entsprechende Infrastruktur. Und die Schulen im sozialen Brennpunkt bekommen sogar strukturell weniger Unterstützung als die ohnehin schon privilegierten Schulen. Das äußert sich vor allem im Personalnotstand: Schulen wie meine finden nur schwer Lehrkräfte, weil die Lehrkräfte in der Regel nicht an solchen Schulen unterrichten wollen. Es gibt nämlich auch unter Haupt- und Realschulen solche, die pädagogisch weniger herausfordernd sind als beispielsweise meine Schule. Zum Beispiel unterscheiden sich Schulen in ländlichen Regionen in der Regel sehr deutlich von Stadtschulen. Die wenigsten ausgebildeten Lehrkräfte wollen freiwillig an Brennpunktschulen unterrichten, weil sie wissen, wie dort die Zustände sind. Sie erfahren von ihren Kolleg:innen, wie viele Versetzungsanträge an diesen Schulen gestellt werden. Wie ohnmächtig sich die Lehrkräfte dort fühlen, wenn sie alleine vor 20 Hauptschüler:innen stehen und keinen Zugang finden. Sie erfahren von der fehlenden

Kooperationsbereitschaft der Eltern und den wenigen Ambitionen der Schüler:innen. Von der fehlenden finanziellen Unterstützung, etwa für die Schulhofgestaltung oder die digitale Ausstattung. Brennpunktschulen haben nicht ohne Grund ein schlechtes Image. Eine attraktive Arbeitsstelle sieht für viele anders aus.

Interessant finde ich, dass nicht selten auch unter Lehrer:innen die Schuld an der misslichen Lage nicht etwa der Politik zugeschoben wird, sondern der Schüler:innenschaft.. Da ist der Lehrer:innenmangel dem schlechten Image der Schule geschuldet, das die Schüler:innen durch ihr Verhalten aufrechterhalten. Die Schüler:innen seien auch dafür verantwortlich, dass es keine oder nur wenige Spielgeräte auf dem Schulhof gibt, weil sie ohnehin alles zerstören würden. Ihnen digitale Endgeräte anzubieten, lohne sich kaum, weil ihnen die häusliche Unterstützung fehlt, um sie effizient zu nutzen. Doch für diese Ungerechtigkeiten tragen nicht die Schüler:innen die Verantwortung, sondern eine fehlgeleitete Bildungspolitik, die Brennpunktschulen strukturell benachteiligt.

Ein gutes Beispiel für diese strukturelle Benachteiligung ist die Umsetzung des Digitalpakts, mit dem der Bund die Länder bei der Digitalisierung unterstützen will. Die einzelnen Schulen können Geld aus dem Digitalpakt beantragen, und seit 2019 wurden bereits über sechs Millionen Euro bereitgestellt. Sieht man sich aber genauer an, wo das Geld hinfließt, wird deutlich, dass vom Digitalpakt jene Schulen am meisten profitieren, deren Schüler:innen ohnehin schon auf der Überholspur unterwegs sind. Das sind vor allem Gymnasien mit engagierten Eltern, mit technikaffinen Lehrkräften und einer Schulleitung, die genügend Kapazitäten für diese Themen hat. Schulen im sozialen Brennpunkt profitieren weit weniger vom Geld aus dem Digitalpakt, weil die Beantragung der Gelder sie vor Probleme stellt. Da die Schulleitung und die Lehrer:innen mit viel größeren pädagogischen Herausforderungen und einem gleichzeitigen Personalmangel konfrontiert sind, können sie der Digitalisierung nicht die notwendige Priorität einräumen. Ein großer Teil des Schullebens an Gymnasien oder Privatschulen wird schließlich von engagierten Eltern geschultert. Schulleitung und Lehrkräfte werden durch sie entlastet und haben somit die Zeit, sich um andere Dinge zu kümmern. An Schulen, an denen die Elternschaft aufgrund ihres sozioökonomischen Hintergrunds weniger engagiert ist, müssen die Lehrer:innen und die Schulleitung viel mehr abfangen. Diese Schulen kommen häufig schlichtweg nicht dazu, die notwendigen Konzepte zu schreiben und Anträge zu stellen.

Zu diesem Ergebnis kommt auch eine Studie des Berliner Wissenschaftszentrums für Sozialforschung im Auftrag der Gewerkschaft Erziehung und Wissenschaft. Die Forscher untersuchten die Umsetzung des Digitalpakts und folgerten in ihrem Bericht vom Mai 2022, dass der Digitalpakt durch die ungleiche Verteilung der Gelder »zur Reproduktion und Verstärkung von Ungleichheiten sowohl zwischen unterschiedlich finanzstarken und engagierten Kommunen als auch zwischen den Einzelschulen beiträgt«[1].

Selbstverständlich gibt es an einer »Problemschule« mit »Problemkindern« mehr »Probleme«. Gerade deswegen müssten in eben

---

1 Vgl. Daniel Rhode, Michael Wrase: Die Umsetzung des Digitalpakts Schule – Perspektiven der schulischen Praxis auf zentrale Steuerungsfragen und -herausforderungen, Hildesheim/Berlin, URL: https://www.gew.de/index.php?eID=dumpFile&t=f&f=122208&token=dc37c39c9bff0402645c869ce5224b77f6212738&sdownload=&n=20220502-PK-Digitalpakt-Bericht.pdf, zuletzt aufgerufen am 25.06.2022

diese Schulen besonders viele Gelder fließen, und sie müssten besonders viel Unterstützung erhalten. Die Bildungspolitik müsste ein breites Angebot an Mitarbeiter:innen und finanziellen Mitteln bereitstellen, das die Schule aufwertet, sie schützt und unterstützt. Doch das Gegenteil ist der Fall. Die Politik ignoriert die Probleme solcher Schulen mehr, als sich ihnen ernsthaft anzunehmen. Und weil dort zwar viele engagierte Lehrkräfte, aber eben keine heldenhaften Abziehbilder aus verkitschten Sozialdramen arbeiten, gibt es nach wie vor sehr viele Kinder, die weiter als Symptomträger:innen der häuslichen Unordnung durch die Schule stolpern und ihr Image aufrechterhalten. So erreichen auch engagierte Lehrkräfte trotz ihres Einsatzes gerade mal das Nötigste.

Und was wird aus Alpi?

Vielleicht wird Alpi irgendwann, wenn er mit seinem schlechten Hauptschulabschluss in der Welt unterwegs ist, bewusst, dass das Chaos, das sich sein Leben nennt, einfach nicht geordneter wird. Vielleicht wird er aus eigener Kraft aufstehen, wird mühevoll das schmerzhafte Aufräumen beginnen. So wie mein Bruder. Nur dass Alpi es noch schwerer hat mit seinen schwarzen Locken und seinem »Azzlackdeutsch«, wie er selbst seine Sprache nennt.

Wahrscheinlicher ist, dass er in seinem Chaos verharrt, das sich wenigstens vertraut anfühlt. Vielleicht wird Alpi irgendwann Vater. Vielleicht wird sein Kind einen schweren Rucksack mit viel zu viel unbrauchbarem Material zur Schule schleppen, und Alpi wird Elternbriefe unterschreiben, in denen sich die Lehrer:innen über seinen chaotischen Sohn beschweren. Alpi, der sich in Anbetracht der vielen Dokumente und Fristen ohnmächtig fühlt, erinnert sich an seine eigenen Lehrer:innen: Wie sie ihn alle immer nur angemotzt haben. Wie er sie gehasst hat. Und er kann es seinem Sohn nicht verübeln, dass er die Schule ebenfalls hasst. Trotzdem gibt es Streit wegen der schlechten Noten. Alpi hofft, er könne seinen Sohn doch noch zur Vernunft schreien. Es funktioniert nicht. Langsam kommt er zu der Erkenntnis, dass dieses Leben mit den Erfolgen, den guten Leistungen und den vielen Chancen, nicht für ihn und seine Familie gemacht ist.

Variante 3

Vielleicht hat Alpis Sohn aber auch das Glück, in einer Zeit zu leben, in der das System die Infrastruktur bietet, die Schule braucht, um gerecht zu sein. Weil das Schulsystem endlich und grundlegend reformiert wurde.

Vielleicht bringt Alpis Sohn dann zu Beginn seiner Schullaufbahn den Schulbegleiter mit nach Hause, der für ihn zuständig ist. Und zwar von der ersten Klasse bis mindestens zur neunten Klasse. Denn es gibt nur noch eine Schule, auf der alle Kinder zusammen beschult werden – kein Gymnasium auf der einen und keine Hauptschule auf der anderen Seite. Der Schulbegleiter trinkt Kaffee mit Alpi, baut Vertrauen auf und erfährt im Gespräch, welche Kapazitäten die Familie für die Schulbildung des Sohnes aufbringen kann. Und was außerhalb ihrer Möglichkeiten liegt. Der Schulbegleiter guckt sich das Kinderzimmer an und bemerkt, dass es kein Raum ist, in dem Alpis Sohn konzentriert lernen kann. Also beschließt er, dass Alpis Sohn seine Hausaufgaben in der Nachmittagsbetreuung der Schule machen wird. Dort hat er Ansprechpartner:innen, wenn er mal nicht zurechtkommt. Studierende, Erzieher:innen, Ehrenamtliche.

In der Schule ist Alpis Sohn nicht mehr darauf angewiesen, dass Alpi die unzähligen Utensilien auf der Materialliste fristgerecht für ihn besorgt. Stattdessen stellt die Schule Materialpakete für alle Kinder bereit. Die Utensilien werden in der Schule aufbewahrt und gewartet. Die Kinder sind für die Ordnung in ihren Fächern selbst zuständig. Kontrolliert und begleitet werden sie dabei nicht ausschließlich von den Lehrer:innen, sondern von Schulbegleiter:innen. Sie unterstützen die Kinder im Unterricht und darüber hinaus Schritt für Schritt auf dem Weg zur selbstständigen Organisation. Alpis Sohn kann es nicht passieren, dass er immer und immer wieder ohne Material im Unterricht sitzt. Er wird nicht aufgegeben, und er gibt nicht auf. Er kriegt es hin.

»Das Internet ist wieder abgestürzt«

Wer jetzt denkt, mein kleines Gedankenspiel sei zu schön, um wahr zu sein, der irrt sich zum Glück. Es gibt Schulen, an denen diese Strukturen Realität sind. Leja, eine ehemalige Gymnasialschülerin von mir, durfte sie erleben. Sie war gerade ein paar Wochen in Deutschland, als ich ein Gespräch mit ihr führte. Ihre Mutter ist Deutsche, deswegen hatte Leja keine sprachlichen Barrieren in ihrer neuen Heimat zu überwinden, und auch die deutsche Kultur war ihr vertraut. Trotzdem schaute sie mich mit glasigen Augen an und flüsterte: »Irgendwie alles ein bisschen viel.« Man konnte ihr ansehen, wie unwohl sie sich fühlte und wie sehr sie sich an ihre alte Schule zurückwünschte: an die *peruskoulu* in Finnland.

Hier in Deutschland stolperte sie durch ihren neuen Schulalltag, der ihr ganz offensichtlich Probleme bereitete. Die spürbare Hierarchie zwischen Lehrkräften und Schüler:innen befremdete sie.

Die Zettelwirtschaft aus Arbeitsblättern, Entschuldigungsbriefen und Wandertagsinformationen überforderte sie. Sie verstand nicht, wieso es in diesem neuen Schulalltag keine einheitlichen Kommunikationsprogramme gab. Vielmehr war sie irritiert, als sich ein Dutzend Schüler:innen vor der Pinnwand versammelten, um den Vertretungsplan im DIN-A4-Format zu lesen. »Das Internet ist wieder abgestürzt«, erklärten ihre deutschen Mitschülerinnen und schienen unbeeindruckt, dass sie ihren Plan mal wieder nicht digital einsehen konnten.

Deutschland, das hatte sie sich anders vorgestellt. Hatte sie in Finnland alle Lehrer:innen, egal ob in der ersten oder der neunten Klasse, mit Vornamen angesprochen, empfand sie die Atmosphäre zwischen Lehrkräften und Schüler:innen hierzulande eher als kühl und distanziert. In Deutschland galt ein Lehrer schon als locker, wenn er ein iPad im Unterricht erlaubte. Damit wurde nebenbei auch klar, welche der Jugendlichen von Haus aus ein iPad hatten und welche nicht. In Lejas alter Schule in Finnland bekam einfach jedes Kind das Tablet von der Schule.

Lejas Erzählungen machten mich neugierig. Ist das Schulsystem in Finnland wirklich so fortschrittlich wie in den Erzählungen meiner neuen Schülerin, oder hatte sie einfach Heimweh und verklärte ihr zurückgelassenes Schulleben?

Ich habe mich also auf die Suche nach weiteren Quellen begeben und bin dabei auf Marco Maurer gestoßen. Er ist Journalist, der in Finnland »eine Auszeit nehmen und gleichzeitig einer Spur nachgehen«[2] wollte: der Spur zum gerechten Bildungssystem.

---

2 Marco Maurer: Du bleibst, was du bist. Warum bei uns immer noch die soziale Herkunft entscheidet, München 2015, S. 130

Peruskoulu ist peruskoulu

Und tatsächlich: Was ich in Maurers Buch *Du bleibst, was du bist* las, löste ein kleines Fernweh in mir aus. Während Leja auf einer Schule mit einem hohen Anteil an Akademiker:innen in der Elternschaft war, hat sich Marco Maurer eine Schule in einem Einzugsgebiet zum Hospitieren ausgesucht, das hierzulande in die Kategorie *sozialer Brennpunkt* fallen würde. Und das, was er beschreibt, deckt sich dennoch mit Lejas Erzählungen. Peruskoulu ist peruskoulu. Eine Schulform für alle. Von der ersten bis zur neunten Klasse. Sitzenbleiben gibt es nicht. Wenn Kinder Probleme in einem bestimmten Fach haben, werden sie in spezielle Förderkurse geschickt, haben aber den restlichen Unterricht im gewohnten Klassenverband. Somit wird vermieden, dass Kinder nur aufgrund einer unglücklichen Notenkombination ein ganzes Schuljahr wiederholen, neue Freund:innen finden, eine Abstiegserfahrung machen müssen. Was natürlich ist, wird auch natürlich behandelt: dass man Stärken und Schwächen hat, statt auf ganzer Linie performen zu müssen oder hängen zu bleiben. Dort ist auch keine Lehrkraft allein im Klassenzimmer. Immer sind mindestens zwei Erwachsene Ansprechpartner:innen für die Schüler:innen da.

Bei Maurer las ich außerdem immer wieder, dass es an jeder peruskoulu auch Krankenpfleger:innen gibt. Das machte mich neugierig, also fragte ich bei Leja nach. Sie berichtete von regelmäßigen Check-ups, die alle Schulkinder ihre komplette Schulzeit lang durchlaufen. Dafür werden sie regelmäßig auf ihre körperliche und psychische Gesundheit hin untersucht. Die Check-ups finden in vertraulicher Atmosphäre statt, und die Kinder können erzählen, was sie gerade beschäftigt. Ob Probleme in der Familie, Liebeskummer oder Streit mit der Freundin. Die Krankenpfleger:innen und

Psycholog:innen betreuen und begleiten die Jugendlichen bei ihren Angelegenheiten und halten den Kontakt zu ihren Eltern und Lehrer:innen aufrecht. Leja berichtet, dass es Kinder gab, die neben den Check-ups regelmäßig zur Psychologin gingen. »Das war total normal, niemand hat dich da schief angeguckt.« Zur Vertrauenslehrerin in Deutschland, die gleichzeitig ihre Biolehrerin war, wäre Leja nicht gegangen. »Da habe ich irgendwie gar nicht drüber nachgedacht.« Ich verstehe Leja. Die Bemühungen deutscher Schulen, eine Vertrauenslehrkraft für ihre Schüler:innen bereitzustellen, in allen Ehren. Aber die Doppelrolle zwischen Notengeber:in auf der einen und unbefangener Lebensberater:in auf der anderen Seite ist für viele Schüler:innen nicht leicht zu vereinbaren. Manche mögen das Fach der Vertrauenslehrerin vielleicht nicht und schreiben deswegen schlechte Noten bei ihr oder wurden beim Spicken erwischt. Ist es realistisch, dass sie sie danach aufsuchen, um über Liebeskummer oder häusliche Probleme zu sprechen? Mir scheint das Prinzip der Vertrauenslehrkraft aus Mangel an Alternativen entstanden zu sein. Ein Sparprogramm, sozusagen. Nicht wirklich hilfreich, aber immerhin ein Angebot, weil es kein entsprechendes Personal gibt.

Wenn unsere Kinder darauf vertrauen sollen, dass wir es ernst mit ihnen meinen, dass wir ihr Potenzial entdecken und ihnen Chancen geben wollen, dann müssen wir die Schultore öffnen und andere Professionelle hineinlassen. Wir müssen als Team interdisziplinär arbeiten, um sie angemessen zu begleiten. Vor allem müssen wir endlich verstehen, dass die Bildungschancen eines Kindes in Deutschland von den Ressourcen seines Elternhauses abhängen. Und dass sich daran etwas ändern muss.

KAPITEL 3 – ERNÄHRUNG IN MEINER KLASSE – CHANCEN AUF DEM TELLER

Beim Blick auf den Speiseplan meiner Schüler:innen würden die finnischen Schulkrankenpfleger:innen schnell hellhörig. Viele kommen mit Energydrink und Chips in die Schule und nennen das Frühstück, während die Lehrer:innen den Kopf darüber schütteln oder auch die Nase rümpfen. Dass das Essen vieler meiner Schüler:innen aber nicht nur ungesünder ist, sondern auch ihr Image aufrechterhält, merke ich immer dann, wenn ich wieder mal zwischen den Welten wandle.

Ich möchte in diesem Kapitel einen Schritt zurücktreten und das, was ich in der Schule erlebe, in einen größeren Zusammenhang einordnen. Ich möchte auf das schauen, was uns wirklich alle angeht: auf uns als Gesellschaft. Wir alle bedienen uns abgrenzender Mechanismen und halten Dynamiken aufrecht, die andere Menschen etikettieren und abwerten. Bewusst oder unbewusst. Im Spaß oder nicht. Und weil sich unsere Abgrenzungsmechanismen an den banalsten Alltagsphänomenen zeigen, wird es hier um nicht weniger gehen als um das, was wir alle tun: essen.

Pilzrisotto

Als ich an einem Montagmorgen in die neunte Klasse komme, fragt mich Violeta aus der ersten Reihe, wie mein Wochenende war. »Gut«, antworte ich. »Ich war bei Freunden und wurde bekocht!« »Oha, stabil! Was gab's?« Violeta scheint ernsthaft interessiert, also erzähle ich ihr mehr: Pilzrisotto. Und ich erzähle auch, dass meine Freund:innen die Pilze vorher selbst im Wald gesammelt haben.

»Vallah? Warum?« Violeta macht große Augen. »Sind die arbeitslos?!«

Seitdem immer mehr meiner Freund:innen ihre Pilze selbst finden, sie aufwendig putzen, schneiden und sortieren, hat sich mir diese Frage auch schon öfter aufgedrängt. Als ich an dem besagten Wochenende neben meinem Kumpel stand und ihm dabei zusah, wie er mit einem speziellen Pilzsammlermesser in mühevoller Kleinstarbeit seine Ausbeute bearbeitete und gefühlte Stunden später gerade mal eine kleine Schüssel essbare Pilze übrig blieb, wurde mir klar, dass ich vieles daran nie verstehen würde.

»Frau Graf, nächstes Mal Mäcces mit uns, okay?« Violeta reißt mich aus meinen Gedanken heraus und zwinkert mir zu.

Mäcces and me

Mäcces. Über die 13 Monate, in denen ich jeden Samstag mein rotes T-Shirt mit dem goldenen »M« überzog, mir die Haare zusammenband und auf fettgetränkten Sohlen von der Pommesstation zur Kasse rutschte, habe ich eine gefühlte Ewigkeit nicht nachgedacht. Damals war ich 16, und einige meiner Freundinnen arbeiteten schon länger für 5,50 € die Stunde bei McDonald's. Es lag also nahe, dass ich es auch mal ausprobierte. Statt lässig die Tabletts vollzupacken und Pommes zu rippen, war ich allerdings meistens überfordert und von den Schichtführer:innen eingeschüchtert. Für mich gab es dort nur die Guten, die mich mochten, und die Bösen, die mich hassten.

Gut war zum Beispiel Neriman. Eine große, kräftige Tunesierin, die mich »Prinzessin« nannte und über ihre dunklen Locken schimpfte, die sie gerne gegen meine glatten Haare eingetauscht hätte. Böse war Semra, eine der Schichtführer:innen, die mich nicht Prinzessin nannte und auch sonst nichts mit mir anfangen konnte. Trotzdem, oder gerade deshalb, wich sie die ersten Wochen nicht von meiner Seite. Semra war schnell klar, dass ich für den normalen Betrieb zu langsam war. Deswegen wurde ich regelmäßig von ihr »ins erste Fenster« gesteckt. Ein weiß gekachelter, schlauchartiger Raum, an dessen Ende ein Drehstuhl, ein Headset und eine Kasse standen. Wenn nicht viel los war, machte Semra den Drive im zweiten Fenster allein, und das erste blieb unbesetzt. Wenn sich die Schlange aber bis zum Parkplatz staute, bildeten wir scheinbar ein Team, und darauf war ich ein bisschen stolz, auch wenn Semra das nur als notwendiges Übel ansah.

Im ersten Fenster war meine Aufgabe simpel. Ich befragte über das Headset die Gäste in ihren Autos nach ihren Menüwünschen, gab sie in die Kasse ein, sie fuhren vor, ich kassierte ab. Pommes frittieren, Getränke abfüllen und Tüten packen – das machte Semra am zweiten Fenster. Es konnte nicht viel schiefgehen. Eigentlich war ich Semra dankbar, dass sie mich vom Stress an der Theke absonderte. Trotzdem bewunderte ich sie, fünf Meter weiter am zweiten Fenster, wo es richtig abging. »Drive geht vor«, das weiß jeder bei Mäcces, und das hat seinen Grund. Am zweiten Fenster arbeitest du, wenn du schnell bist und perfekt timest. Wenn Burger, Pommes und Soßen nahezu gleichzeitig in der Tüte landen und du den Strohhalm schon zückst, während der Colabecher noch vollläuft.

An irgendeinem Samstagmorgen drückte mir Semra das Headset in die Hand, während sie ihr eigenes an ihr linkes Ohr hielt und immer wieder »zwei oder drei?« hineinrief, bis sie die Antwort verstand und ein erleichtertes »Aha!« ausstieß. Ich lief geradewegs zum ersten Fenster, um sie zu unterstützen, denn die Schlange war lang, da packte Semra mein Handgelenk und hielt mich zurück. Sie war immer noch mit der Bestellung in ihrem Ohr beschäftigt, während sie mit meiner Hand wie mit einem verlängerten Arm auf das Fenster neben der Pommesstation – das zweite Fenster – zeigte. »Ich?« Ich schaute sie ungläubig an, und sie nickte hysterisch und schrie mich an: »Sonst noch was?« Ich schüttelte den Kopf, und sie rief »Okay, kleinen Moment bitte!«, drehte sich um und verschwand im geschützten Raum des ersten Fensters. Erst jetzt kapierte ich, dass sie nicht mit mir, sondern mit dem Autofahrer in ihrem Headset gesprochen hatte, aber vor allem wurde mir klar, was in diesem unscheinbaren Moment passiert war: Zweites Fenster. Praktisch eine Beförderung.

Hektisch entwirrte ich mein Headset und starrte auf den Bildschirm, der über der Getränkestation an der Wand hing. Gleichzeitig piepste die Fritteuse, und alles lief wie von selbst. Ich kippte die glänzenden Pommes in die Station, vermischte sie mit dem Salz und fing an zu packen. Das Auto fuhr vor, ein älteres Ehepaar. Ich reichte ihnen die Getränke, als hätte ich nie etwas anderes getan als das: zweites Fenster. Ich war angekommen. Drei Autos lang packte ich unaufhaltsam, immer mit Semras bosnischen Akzent im Ohr, vergaß keine Mayo, keine Süß-Sauer, kein Spielzeug. So hätte es ewig weitergehen können, wenn nicht plötzlich der Drive leer gewesen wäre und Semra mit ausgestreckter Hand vor mir gestanden hätte: »Kannst wieder an die Kasse!«

Von jetzt an schickte Semra mich öfter ans zweite Fenster, wenn es wirklich voll wurde, und gönnte sich selbst ein bisschen Ruhe im ersten. Sie schien nicht ganz unzufrieden mit mir zu sein und fragte mich deswegen ein paar Wochen später, ob ich kurz alleine übernehmen könnte, weil sie eine rauchen gehen wollte. »Klar!«, antwortete ich und glaubte daran. Es dauerte nicht lange, und das erste Auto fuhr vor. Drei Typen wollten drei Maxi-Menüs, und ich packte eifrig zusammen, was zusammen sollte, und die Drivespur füllte sich währenddessen. Bei Semra und Neriman tausendfach so gesehen, fing ich an, parallel zum Packen der Maxi-Menü-Tüten die neue Bestellung aufzunehmen und bekam es hin. Während die Mutter in meinem Ohr mit ihrem Kind über Chicken Nuggets oder Cheeseburger diskutierte, faltete ich die Tüte für die Typen zusammen und reichte sie aus dem Fenster. Dann Getränke, zuletzt Strohhalme. »Vierundzwanzigachtzig«, sagte ich, da spuckte der Typ am Steuer aus seinem Fenster auf den Boden und lachte mir ins Gesicht: »Schlampe!« Dann fuhren die drei weg und mit ihnen die Tüte.

Semra war fassungslos: »Erst Geld, dann Tüte!«, motzte sie mich an. »Ist doch klar, dass die abhauen!« – »Ich dachte, es gäbe Kameras?«, warf ich ein, den Tränen nahe. Sie sah mich ungläubig an: »Willst du zur Polizei gehen und sagen, mimimi, die haben mir ein Maxi-Menü geklaut oder was?« Ich schwieg. »Vier Stunden!«, rief Semra. »Vier Stunden hast du heute für die Wichser gearbeitet! Herzlichen Glückwunsch!« Sie setzte sich das Headset auf und motzte weiter: »Willkommen bei McDonald's, Ihre Bestellung bitte!« Vier Stunden Lohn hatten die Typen mitgenommen, einen kleinen Teil meiner Würde und, was am schlimmsten war, die Berechtigung, das zweite Fenster zu machen. Das war das letzte Mal, dass Semra mich einsetzte. Ich hatte verkackt.

Wenig später trat Neriman ihre Schicht an, und ich erzählte ihr die Geschichte. Sie streichelte mir mit ihren großen, warmen Händen über die Wangen und sah mich mitleidig an: »Vallah, das darf nicht passieren, meine Prinzessin! Bleib lieber hier an der Kasse mit deinem schönen Gesicht und lass die Maschine ans Fenster!« Sie stopfte ihr T-Shirt in die Hose und las die Bestellung auf dem Bildschirm: »Ein Mc-Scheiß-Schweinefleisch!«, brüllte sie in die Küche, und dort begann man, alles für den McRib vorzubereiten.

Jetzt stehe ich, 15 Jahre nach diesem deprimierenden Arbeitstag, vor meiner neunten Klasse und merke wieder einmal, dass in meiner Brust zwei Herzen schlagen. Ich kenne die Realitäten hinter den uniformierten und fast unsichtbaren McDonald's-Verkäuferinnen. Während für mich schon damals klar war, dass das nicht meine berufliche Endstation sein würde, waren viele meiner Arbeitskolleg:innen bei McDonald's abhängig von ihren Schichten und dem Job. Von ihnen weiß ich, welche Umstände dazu führen können, dass man ziemlich weit unten in der Gesellschaft angekommen ist – und trotzdem noch so mittendrin, dass man ohne Ende Spott abkriegt.

Ich bin nicht mehr Teil dieser Welt. Ich bin jetzt Teil einer Welt, in der meine Freund:innen in schönen Wohnungen Lebensmittel zubereiten, die sie beim Biomarkt gekauft oder eben selbst gesammelt haben. Wo die Menschen in der Selbstverständlichkeit ihrer Existenz das Leben in vollen Zügen genießen können und so weit oben in der Gesellschaft stehen, dass sie fast unangreifbar zu sein scheinen. Trotzdem komme ich immer wieder in Situationen, in denen ich meine Freund:innen staunend beobachte. Dann frage ich mich, wie es sein kann, dass so etwas Unökonomisches wie Pilze finden, putzen und zubereiten diesen seltsamen Charme haben kann. Und wie ein Mann in seinen besten Jahren, mit Hornbrille und Magisterabschluss, in völliger Selbstverständlichkeit in schummrigem Licht sitzt, ohne auch nur irgendeinen Zweifel an der Sinnhaftigkeit seines Tuns zu haben. Ich gönne es ihm. Und ich wünsche mir, dass auch Semra und Neriman nicht damit rechnen müssen, angespuckt oder beschimpft zu werden, während sie in Hektik und grellem Licht Lebensmittel für andere zusammenpacken.

Früher bin ich nervös geworden, wenn ich diese Selbstsicherheit des Milieus, in dem ich mich seit meiner Transformation zur Akademikerin bewege, gespürt habe. Weil ich irgendetwas, das für alle um mich herum völlig normal zu sein schien, nicht kapierte. Heute bleibe ich ganz entspannt. Ich kann mich fallen lassen, auch wenn ich mich nicht ganz wiederfinde in der bildungsbürgerlichen Welt, in der man zu kleine Portionen kocht und komplizierte Musik hört.

Wenn der Habitus kickt

Je nachdem, zu welchem Milieu wir gehören, verändert sich unser Essverhalten. Um diesen Satz in seiner ganzen Dimension zu erfassen, muss man erst einmal auf das gucken, was uns, neben ganz offensichtlichen Merkmalen wie Ausbildung und Beruf, im Alltag eigentlich einer bestimmten sozialen Schicht zugehörig macht. Als ich als sogenanntes *Arbeiterkind* mit zwanzig mein Germanistik- und Philosophiestudium in Heidelberg begann, dachte ich mir erst einmal nichts dabei. Heidelberg ist jedoch mit der ältesten Universität Deutschlands, der schnuckeligen Altstadt und dem großen Kulturangebot eine Stadt, die wie für die elitäre Oberschicht gemacht ist. Damals wusste ich noch nichts von den »feinen Unterschieden«, die unsere Gesellschaft in Klassen mit unterschiedlichen Habitusformen unterteilen, und trotzdem, oder gerade wegen dieser Unwissenheit, spürte ich sie an jedem Tag. Ob auf WG-Zimmersuche, in der Mensa, im Seminar, bei der Einschreibung, auf der WG-Party oder in den Sprechstunden der Dozent:innen. Ich schien zu oft im Dunkeln zu tappen, obwohl ich schnell tolle Freund:innen gefunden hatte. Die meisten von ihnen waren Kinder von Akademiker:innen und schienen ihr Leben lang auf die Uni hingefiebert zu haben. Mir war die Universität und alles, was dazugehörte, komplett fremd. Ich glaube, selbst wenn sich jemand bei mir mit den Worten »Frag mich alles über die Uni!« vorgestellt hätte – ich hätte wahrscheinlich meinen Mund gehalten, weil ich gar nicht gewusst hätte, wo ich hätte anfangen sollen. Drei Semester lang habe ich es geschafft, mir kein Buch aus der Bibliothek ausleihen zu müssen. Im Germanistikstudium! Ich hätte Bücher gebrauchen können, klar. Aber ich hatte keine Ahnung, wie ich mich in einer Bibliothek bewege und finde, was ich benötigte. Rückblickend kann ich kaum nachvollziehen, dass ich nicht einfach hinging und mir vor Ort ein Bild machte oder mich durchfragte. Ich glaube, es gab sogar Bibliotheksführungen für Erstis. Aber die Hürde, daran teilzunehmen, war riesig für mich. Ich hatte Angst, dadurch aufzufliegen. Vielleicht ist das etwas, was nur *Arbeiterkinder* verstehen können. Selbst wenn es Wege gäbe, sich Hilfe zu holen, heißt das noch lange nicht, dass man sie einfach einschlagen könnte. Im dritten Semester führte dann kein Weg mehr daran vorbei, mir Bücher auszuleihen, und ich fing endlich an, mich an meine Freund:innen zu hängen und mit Herzklopfen die Bibliothek zu erkunden.

Vor allem aber spürte ich die Unterschiede sticheln, wenn ich zurück nach Hause fuhr. Dorthin, wo meine Freundinnen von früher wohnten, die immer noch miteinander befreundet sind. Wo meine Mutter mit ihren Stricknadeln vor dem Fernseher saß und Mitleid mit mir hatte, weil ich so viel lernen musste. »Was ein Mist!«, sagte sie dann und schüttelte den Kopf über den ganzen »trockenen Stoff« und die langen Texte, die ich mir reinziehen musste. Ich schätzte meine Mutter für diese Art und ihre Abneigung gegenüber allem Langweiligen. Ich spürte aber auch umso deutlicher die Diskrepanz zwischen meiner Herkunft und diesem anderen Leben, das ich führte, indem alles bedeutungsvoller, klüger, größer erschien. Und ich schämte mich dafür. Ich schämte mich für mein Elternhaus, für die Uni, für mich selbst.

Erst als ich Jahre später Didier Eribons *Rückkehr nach Reims* las und mich mit den Begriffen Pierre Bourdieus vertraut machte, fing ich an zu begreifen, dass ich mein ganzes Unwohlsein auf mein Schicksal schieben konnte und dieser ganze Eiertanz in der Natur der Sache lag. Denn für ein Kind aus einer Arbeiter:innenfamilie waren diese Empfindungen an der Universität eigentlich vorprogrammiert. Bei Bourdieu lernte ich, dass der völlig unterschiedliche Geschmack und die grundverschiedenen Neigungen der Umfelder in meinem alten und neuen Leben nicht etwas waren, das zufällig entstanden oder gar Charaktersache war. Das, was mein altes von meinem neuen Leben unterschied, war der unterschiedliche Habitus, den man in den jeweiligen sozialen Kreisen pflegte. Der Habitus fasst all die Überzeugungen, Gewissheiten, Selbstverständlichkeiten über die Welt zusammen, die wir praktisch mit der Muttermilch aufsaugen. Musikgeschmack zum Beispiel, Sinn für Ästhetik, der Umgang mit der Natur, mit Tieren und mit anderen Menschen, Streitkultur und Beziehungspflege. Das alles zusammengenommen ergibt ein unbewusst ablaufendes Verständnis der Realität um uns herum. Er gibt uns das Gefühl von Sicherheit, wenn wir uns in unserem gewohnten Umfeld bewegen, und andersherum das Gefühl von Unwohlsein, wenn wir in einem anderen soziokulturellen Milieu unterwegs sind. So lässt sich auch erklären, wieso bei mir zu Hause als einzige Lektüre die *TV Spielfilm* neben der Strickanleitung meiner Mutter auf dem Tisch liegt. Und wieso ich bei den ersten Besuchen im akademischen Elternhaus meiner Unifreundin das Gefühl hatte, bei Heidegger persönlich zu Gast zu sein, nur weil es teuren Rotwein und eine Bücherwand gab.

Der Habitus ist es auch, der sich Violeta aufdrängt, wenn sie nicht versteht, wieso mein Freund Pilze sammeln geht, und der mich erröten lässt beim Gedanken an meine McDonald's-Karriere.

So wenig schräge Blicke, wie mein Kumpel bei der oberkomplizierten Nahrungszubereitung von seinem Umfeld bekommt, so normal war es damals für mein Umfeld, dass ich in Mäcces-Klamotten herumlief. Niemand schaute mich schief deswegen an. Im Gegenteil. Da einige meiner Freund:innen den gleichen oder vergleichbare Nebenjobs hatten, bekam ich, wenn überhaupt, eher Anerkennung von ihnen, ebenfalls dabei zu sein. Es war einfach etwas total Normales. Jahre später schenkte ich die Uniform übrigens einer Freundin, die ich in Heidelberg kennengelernt hatte. Sie zog sie zum Kölner Karneval an.

Unangenehm wurde es erst, als ich mein Milieu gegen ein neues eintauschte und mein Habitus plötzlich infrage gestellt wurde. Etwa beim Blick in die Gesichter meiner Freund:innen an der Uni, wenn sie von meiner kleinen Karriere erfuhren. Ich ahnte plötzlich, was dieser andere Teil der Gesellschaft über McDonald's-Mitarbeiter:innen denkt und über die Menschen, die dort ohne jeden Vorbehalt essen. Es war schnell klar, dass mein ehemaliger Nebenjob zwar zur Belustigung führte, aber zu der Art von Spaß, bei der ich am Ende wieder meine gut versteckten Wurzeln schmerzen fühlte und mich erneut in meiner Herkunftsscham bestätigt sah.

Bei meinen Kommiliton:innen lernte ich, dass McDonald's zwar durchaus Teil eines Studierendenlebens sein kann, allerdings nicht ohne Metareflexion über diesen ganz bewussten kulinarischen Abstieg in die Unterschicht. Trash essen – so wie die Trash-people. Dafür muss man in der richtigen Stimmung sein. Vielleicht betrunken. Oder verkatert. Ich hatte das schnell verinnerlicht und konnte bei den wenigen Besuchen, die ich meinem ehemaligen Arbeitgeber noch abstattete, die anderen Gäste, die offensichtlich nichts weiter über ihren McDonald's-Besuch dachten, plötzlich auch als etwas von mir Abgegrenztes beobachten. Fast fühlte ich mich überlegen. Und obwohl ich einerseits eine Art sozialen Aufstieg für mich verbuchen durfte, las ich bei Eribon bald das, was auch in meinem kurzzeitigen Überlegenheitsgefühl ständig mitschwang: »Jedes Mal, wenn ich mich abschätzigen Urteilen angeschlossen und damit meine Kindheit verraten hatte, breitete sich ein dumpfes schlechtes Gewissen in mir aus«.[3]

Trash, Trash, Trash

2011 konnte sich die halbe Nation richtig überlegen fühlen. Die 25-jährigen Nadine hatte es dank eines Auftritts bei RTL Zwei geschafft, unfreiwillig zu einer Art Kultfigur des fragwürdigen

---

[3] Didier Eribon: Rückkehr nach Reims, Berlin 2016, S. 24

TV-Formats *Frauentausch* zu werden. Dazu kam es, weil sie über billige, abgepackte Wurst sagte, sie erhalte besonders viele Vitamine, und behauptete, eine zuckerhaltige Frischkäsezubereitung sei gesünder als die Bioalternative. Nadine hat auf plakativste Form gezeigt, wie eng die Ernährung mit dem soziokulturellen Lebensstil verknüpft ist, und sie hat es den Zuschauer:innen leicht gemacht, sich von ihr abzuheben, von der vermeintlichen Repräsentantin der sogenannten Unterschicht. Tausende lachten sich schlapp über »Erdbeerkäse« und über die Art und Weise, wie die Kandidatin die Namen der Lebensmittel aussprach. Nichts war einfacher, als sich über ihre bestürzende Unwissenheit und ihre mangelnde Bildung zu amüsieren und allein darüber deutlich zu machen, es besser zu können. Ein beruhigendes Gefühl, den Kühlschrank zu öffnen und festzustellen: So schlimm wie bei Nadine ist es noch nicht.

Nadine zu belächeln, setzt natürlich voraus, dass man sogenanntes Trash-TV guckt. Das kann man, ganz ähnlich wie zu McDonald's zu gehen, auf zweierlei Weisen tun: Entweder man guckt es einfach, weil es einen interessiert. Oder aber, man »braucht es einfach mal«, um von den intellektuell anspruchsvollen Formaten, mit denen man sich sonst umgibt, eine »kleine Auszeit« zu bekommen. Eine Auszeit inklusive der Bestätigung, eigentlich guten Geschmack zu haben und nur deswegen den Trash überhaupt als solchen erkennen zu können. Man vergewissert sich der eigenen sozialen Stellung, indem man andere abwertet. Das ist dann wie ein Fingerzeig auf den anderen Habitus, um den eigenen Abstand dazu zu unterstreichen. Es lohnt sich, ehrlich zu sich zu sein und das eigene Verhalten einmal daraufhin zu überprüfen, wie häufig man sich dieser Strategie bedient.

Ich kann den Impuls gut verstehen. Auch ich habe schon viel zu häufig den Begriff »Trash« benutzt, um Dinge zu beschreiben, die für meinen Geschmack zu einfach, zu grell, zu billig und zu laut waren. Ich habe diesen Begriff auch verwendet, um Orte zu beschreiben, an denen sich überwiegend Menschen mit niedrigem sozioökonomischen Status aufhielten. Heute weiß ich, dass es weitreichende, wenn auch zunächst unsichtbare Folgen hat, sich so zu äußern.

Abgrenzung und Ausgrenzung

Aussagen, in denen wir andere abwerten, um uns selbst aufzuwerten, sind das Produkt einer klassistischen Gesellschaft. So unbedacht sie im Alltag getroffen werden, so stark wirken sie sich auf die Gesellschaft aus. Denn durch die eigene Abgrenzung vom anderen Milieu findet auch eine Ausgrenzung dieses anderen Milieus statt. Ich lasse die anderen nicht rein, oder im sozialen Klassenverständnis: hoch. Jetzt könnte man wiederum meinen, dass es ja auch nicht so schlimm sei, wenn die einen zu McDonald's gehen und die anderen ihre Pilze selbst sammeln. Sollen doch einfach alle das machen, nach dem ihnen der Sinn steht. So einfach ist es allerdings nicht. Denn viele der Gewohnheiten der Menschen aus sozioökonomisch schwachen Milieus sind ungesünder als beispielsweise die Gewohnheiten des Bildungsbürgertums. Das wiederum verstärkt die Ungleichheit umso mehr und ist gerade für Kinder fatal, weil dadurch schlicht und ergreifend Chancen und Möglichkeiten aus unterschiedlichen Gründen ungerecht verteilt werden.

Beim Essen ist das leicht nachzuvollziehen: Cheeseburger ist ungesünder als Pilzrisotto. Dass Fast Food dem Körper nicht guttut, spüren aber nur diejenigen, die ein gutes Körpergefühl haben. Doch ein Gefühl für den eigenen Körper muss sich entwickeln und kann mal stärker und mal schwächer ausgeprägt sein. Wer schon einmal einige Wochen gebraucht hat, um seinen inneren Schweinehund zum Sport zu bewegen, weiß um den Vorher-nachher-Effekt von körperlicher Bewegung: Man spürt den eigenen Körper, fühlt sich fitter als vorher, ausgeglichener und hat meistens auch weniger Lust auf fettige Speisen. Sport treiben steht aber in sozioökonomisch schwachen Milieus bei vielen nicht auf der Tagesordnung. Den Körper spüren, die eigenen Grenzen kennenlernen, sich etwas Gutes tun können. Das alles sind wichtige Bausteine für die körperliche und mentale Gesundheit, an die Kinder und Jugendliche herangeführt werden müssen, um sie in ihr Leben zu integrieren. Um zu lernen, wie sie sich um ihre Körper kümmern, brauchen die Kids direkte Vorbilder.

Warum gerade bei den Themen Ernährung und Sport die *feinen Unterschiede* so frappierend sind, zeigt eine Studie[4] des Robert-Koch-Instituts aus dem Jahr 2018 zum Thema Übergewicht und Adipositas im Kinder- und Jugendalter in Deutschland. Die Studie belegt, dass sich unter den Kindern mit einem niedrigen sozioökonomischen Status deutlich häufiger jene mit Übergewicht finden als unter Gleichaltrigen mit hohem sozioökonomischen Status.

Dazu passen die Ergebnisse der Nationalen Verzehrstudie aus den Jahren 2005 und 2006. Diese zeigt, dass Menschen mit niedrigem sozioökonomischen Status im Vergleich zur Oberschicht häu-

---

4 Anja Schienkiwitz, Anna-Kristin Brettschneider, Stefan Damerow, Angelika Schaffrath Rosario: Übergewicht und Adipositas im Kinder- und Jugendalter in Deutschland. In: Journal of Health Monitoring, Berlin 2018, URL: https://www.gew.de/index.php?eID=dumpFile&t=f&f=122208&token=dc37c39c9bff0402645c869ce5224b77f6212738&sdownload=&n=20220502-PK-Digitalpakt-Bericht.pdf, zuletzt aufgerufen am 27.06.2022

figer Lebensmittel mit geringem Nährstoffgehalt zu sich nehmen und stattdessen auf fett- und zuckerhaltige Speisen zurückgreifen. Aus der Gießener Ernährungsstudie über das Ernährungsverhalten von Armutshaushalten (GESA) geht zudem hervor, dass gerade Menschen, die in fortgeschrittener Generation in Armut aufwachsen und leben, deutlich geringere Kenntnisse über gesunde Ernährung und die Zubereitung von Speisen generell haben. Schlechte Ernährung ist hier Teil des Habitus.

Wenig überraschend also, dass mir an der neuen Schule gleich auffiel, dass die Kids statt Wasserflaschen Eistee und Cola mit sich herumschleppten. Dass weniger Körner-, dafür mehr Weißbrot in den Brotdosen war. Dass generell weniger Brotdosen und mehr Chipstüten als auf dem Gymnasium im Umlauf waren.

Auf dem Gymnasium, an dem ich unterrichtet hatte, gab es Eltern, die auf die Barrikaden gingen, weil es an einem neu installierten Getränkeautomaten neben der standardmäßigen Auswahl an Softdrinks auch einen Energydrink zu kaufen gab. An meiner jetzigen Schule läuft spätestens ab Klasse sieben ein großer Teil der Schüler:innen mit den silbernen oder grünen Dosen in der Hand herum und gibt sich schon morgens um neun das Zucker-Koffein-Gemisch.

Klar ist das ungesund. Aber es liegt nicht in der Verantwortung der Kinder, das zu erkennen, sondern in der Verantwortung der Eltern. Nur: Was, wenn die Eltern es selbst nicht anders gelernt haben? Wer übernimmt dann die Verantwortung? Schließlich sind die gesundheitlichen und sozialen Folgen wie Herz-Kreislauf-Erkrankungen, erhöhter Bluthochdruck, Diabetesrisiko, verminderte Leistungsfähigkeit und Mobbing so naheliegend wie besorgniserregend, und vor allem: komplex. Und so einfach, wie die Frage nach der Verantwortlichkeit im Alltag häufig betrachtet wird, ist sie nicht. Den Kindern und Jugendlichen ist mit klugen Ratschlägen nicht geholfen, und dasselbe gilt auch für die Eltern. Der mahnende Zeigefinger der Ärztin oder des Lehrers bewirkt in der Praxis allenfalls ein schlechtes Gewissen. Nicht selten auch einen Rückzug oder gar eine Trotzreaktion. Das ist verständlich, schließlich reagieren Eltern stark auf Kritik, wenn es um den Umgang mit den eigenen Kindern geht. Das gilt für alle Eltern. Niemand hört gerne den Vorwurf, es nicht richtig zu machen und dem Kind vielleicht sogar zu schaden. Die Hilflosigkeit der Eltern, die selbst keine Vorbilder für gesunde Ernährung hatten und haben, ist groß. Ich war deswegen sehr glücklich darüber, in der Studie des RKI zu lesen, dass die Weltgesundheitsorganisation das Problem als ein »komplexes und multidimensionales« versteht und deutlich macht, dass »Maßnahmen zu individuellen Verhaltensänderungen (...) demnach nur begrenzt zur Lösung des Problems (führen)«. Deswegen schlagen die Expert:innen vor, den Auftrag als »gesamtgesellschaftliche Aufgabe« zu verstehen.

Was können wir tun?

Ich glaube, dass der Einfluss von Bildungsinstitutionen auch beim Thema Ernährung groß ist. Kinder profitieren natürlich von einem ausgewogenen Speiseplan in Schulen und Kitas und haben damit die Möglichkeit, unterschiedliche Speisen überhaupt kennenzulernen. Auch Fächer wie Ernährungslehre und Hauswirtschaft haben viel Potenzial, wenn es um Nährstoffe, Nahrungszubereitung und Gesundheit geht. Aber Schule und Kindergarten allein können die gesellschaftliche Ausgrenzung, die an Ernährung gekoppelt ist, nicht verhindern.

Die Veränderung muss aus der Gesellschaft selbst kommen. Und zwar vor allem von denen, die vorwiegend im Biomarkt einkaufen gehen oder etwa Pilze sammeln. Die einzige sinnvolle Handlungsweise an dieser Stelle ist so komplex wie grundlegend: die gnadenlose Reflexion. Was denke ich über die übergewichtige Familie, die sich Burger und Pommes reinzieht? Ich befürchte: nichts Gutes. Aber die Überwindung der eigenen, abwertenden Muster hin zu einem wahren Interesse kann bahnbrechend sein. Wie oben beschrieben, hängt an der schlechten Ernährung vieler Schüler:innen deutlich mehr als ein paar Kilos zu viel. Gute Ernährung ist ein Statussymbol, schlechte dagegen ein Stigma. Und zwar eines, das neben den sozialen und psychischen Folgen auch körperlich krank machen kann. Wenn wir uns also wieder einmal dabei erwischen, die guten von den schlechten Fast-Food-Konsument:innen zu trennen, sollten wir uns ein paar Dinge dringend bewusst machen. Was auf den ersten Blick vielleicht aussieht wie eine Aneinanderreihung von schlechten Entscheidungen, ist meistens in Wirklichkeit eine Aneinanderreihung bedauerlicher Umstände. Andersherum ist der vermeintlich gute, ausgeklügelte Geschmack der Oberschicht nicht etwa ausschließlich ein Zeichen der eigenen Feinsinnigkeit, sondern ebenfalls ein Zeugnis der glücklichen Umstände. Die Studie des RKI sieht das Problem des Übergewichts bei Kindern und Jugendlichen als eines, das es gesamtgesellschaftlich zu lösen gilt. Wir alle sind hier am Zug. Erst dann, wenn wir uns zum Beispiel nicht mehr unserer richtigen Lebensweise vergewissern müssen, indem wir andere für ihre Essgewohnheiten verurteilen, können wir alle zusammen an einem Tisch sitzen. Und der steht dann vielleicht irgendwo zwischen dem sanierten Altbau und der Mäcces-Filiale. Erst dann ist es sinnvoll, gemeinsam über praktische Lösungen in Bildungsinstitutionen nachzudenken.

Violeta hat mittlerweile eine Tüte Nachos geöffnet und reicht sie durch die Gänge. »Packst du mal bitte die Chips weg?«, ermahne ich sie. Sie stopft sich den letzten Nacho in den Mund und reibt ihre Hände aneinander: »Hab ich selbst gesammelt, bei Netto!«

KAPITEL 4 – TALENTE ENTDECKEN – CHANCEN IN DER FREIZEIT

Die schlechte Ernährung meiner Schüler:innen ist nicht das Einzige, worüber die Menschen im Stadtteil weiter ihre Nase rümpfen. Ein anderer Lebensbereich, in dem sich Klassenunterschiede deutlich und ähnlich bitter zeigen, ist die Freizeitgestaltung der Kinder. Während die einen Tennis spielen, auf Konzerte gehen und in den Winterurlaub fahren, machen die anderen vor allem eins: rumhängen.

Als ich an einem Montagvormittag die Tür zum Klassenzimmer der siebten Klasse des Hauptschulzweigs öffnen will, bewegt sich die Klinke kein Stück nach unten. Jemand scheint auf der anderen Seite dagegenzuhalten. Ich höre lautes Bollern, Gekreische und Gerumpel und schlage mit der flachen Hand gegen die Tür. Jetzt lässt sich zumindest schon die Klinke runterdrücken, doch ich kann die Tür nur mit aller Kraft ruckartig ein kleines Stück aufziehen, bevor sie wieder knallend von der anderen Seite ins Schloss gerissen wird. In einem dieser kurzen Momente sehe ich Nikos Gesicht, das er von innen gegen den Türrahmen presst, um auf die andere Seite blicken zu können. Als unsere Blicke sich treffen – seiner etwas irre lachend, meiner ein bisschen wütend und leicht panisch –, lässt er plötzlich den Türgriff los, sodass ich durch mein eigenes energisches Ziehen mit der Tür nach hinten stolpere und mich gerade so noch halten kann, um nicht hinzufallen. Niko, einen guten Kopf größer als ich und einigermaßen massig gebaut, springt mir heldenhaft zur Seite und tätschelt mich am Arm.

»Ey ich schwöre, Frau Graf, ich wusste nicht, dass Sie es sind, ich schwör auf meine Mutter!« Nikos Mutter will von ihm zwar nicht viel wissen, und er hasst sie dafür, aber dass er sie mit ins Spiel gebracht hat, finde ich trotzdem ein bisschen ehrenhaft, und ich versuche, mich nicht zu sehr aufzuregen. »Lass mal gut sein!«, sage ich beschwichtigend, während ich ins Klassenzimmer gehe und durch Armwedeln und lautes Rufen versuche, den aufgeregten Haufen an 13-Jährigen unter Kontrolle zu bringen.

Als endlich alle sitzen, stelle ich die rhetorische Frage, was denn heute los sei, und bekomme die Antwort von Adnan: »Die sind nicht ausgepowert, weil Wochenende war!«, sagt er und lehnt sich entspannt an den Tisch hinter ihm, an dem Niko sitzt. »Digga, deine Mutter hat mich ausgepowert!«, ruft der jetzt und versucht Adnan durch heftiges Ruckeln von seinem Tisch abzuschütteln. Kurz bleibt die Zeit stehen, und die Klasse hält die Luft an, aber Adnan ist heute gut drauf, kippelt wieder nach vorne und lässt es mit einem fast freundlichen »Halt dein Maul!« gut sein.

Damit das hier nicht doch noch eskaliert, greife ich nach dem dünnen Strohhalm, den er ins Spiel gebracht hat, und frage Adnan: »Was hast du denn am Wochenende gemacht, dass du so ausgeglichen bist?« »Ich hatte Turnier!«, sagt er stolz, und Niko bewirft ihn von hinten mit einer Papierkugel. Ich ignoriere Niko und stelle ein paar Fragen: Was für ein Turnier? Fußball! Cool! Und wo spielst du? Im Verein? Schön! Und wer hat gewonnen? Ihr nicht? Egal, nächstes Mal! »Und die anderen? Was stand bei euch am Wochenende an?« Ein gelangweiltes Stimmengemisch antwortet »nichts«, »gechillt«, »gezockt« und Niko sagt was von »geblasen«, aber auch das geht unter in der raumausfüllenden Überdrüssigkeit eines vorbeigeplätscherten Wochenendes und meinem unbeholfenen Versuch, dazu ein Gespräch zu führen. Das ist nicht das erste Mal, dass die Frage nach dem, was die Kids in ihrer Freizeit machen, in ein betretenes Schweigen mündet und zu einer ungewohnt nachdenklichen und gedrückten Stimmung führt.

Hobbys als Klassenmerkmal

Ein vorzeigbares Hobby zu haben, ist ein Klassenmerkmal. Für mich, um genau zu sein: Ein Gymnasialklassenmerkmal. Denn vor ein paar Jahren, als ich noch auf dem Gymnasium Referendarin war, habe ich die Frage nach dem Wochenende grundsätzlich ans Ende der Stunde geschoben, weil sonst kein Unterricht mehr möglich gewesen wäre. Fast alle Kids hatten spannende Sachen von ihren Leben zu erzählen, in denen sie so selbstverständlich zu Hause waren, dass mir beim Zuhören warm ums Herz wurde. Da waren Aileen und Leon, die Hockey spielten. Konstantin, der im Chor sang, Anna, die fotografierte und sogar schon einmal eine kleine Ausstellung organisiert hatte. Viele Jungen spielten Handball oder Fußball im Verein, einige Mädchen tanzten. Es gab Kinder, die Klavier spielten, Geige oder Schlagzeug. Längst nicht alle Kinder waren Topliga wie Sarah, die für die Deutsche Tischtennismeisterschaft trainierte und dafür drei Mal die Woche von ihren Eltern etwa 90 Kilometer weit nach Frankfurt gefahren wurde. Aber jedes einzelne dieser Kinder hatte Hobbys, für die man entweder irgendwo angemeldet werden musste oder für die eine Art Ausrüstung benötigt wurde. In den meisten Fällen traf beides zu.

Die Antworten der Schüler:innen auf dem Gymnasium lösten damals eine seltsame Beklemmung in mir aus, die ich zu dem Zeitpunkt nur schwer einordnen konnte. Heute glaube ich zu wissen, dass meine Schüler:innen genau dasselbe Gefühl empfinden, wenn die Sprache auf das Thema Freizeit kommt. Und ich verstehe sie. Wenn ich in ihre müden und zugleich rastlosen Augen blicke, dann erinnere ich mich zurück an meine eigenen langen Nachmittage, die ohne Sinn und Struktur waren, mir endlos erschienen und nur durch halblegale Aktionen und Substanzen an Fahrt aufnahmen. Nachmittage, an denen meine Freundinnen und ich rumhingen, auf den Boden spuckten und, wenn es zu langweilig wurde, in den Supermarkt gingen.

Eine meiner Freundinnen war Sina. Sina hatte immer Geld dabei. Sie war Einzelkind, ging aufs Gymnasium und spielte Volleyball im Verein, was ziemlich nervte, weil sie dadurch nicht unbegrenzt Zeit hatte. Sie führte noch ein anderes Leben, in dem sie auch ganz andere Freund:innen hatte, die wir zwar kannten, aber mit denen wir uns nie gemeinsam trafen. Eine dieser Freundinnen hatte schon einmal freiwillig einen Jugendroman auf Englisch gelesen, und das hatte mir an Information gereicht, um sie komplett peinlich zu finden, weil: »Hat sie kein Leben?!« Wenn wir albern und laut durch die Supermarktgänge zogen und uns mit Billigparfum einsprühten, ging es vor allem um die Frage, wer von uns gerade Hausverbot hatte und deswegen auf keinen Fall erwischt werden durfte. Oder wir diskutierten, ob wir uns von Sinas Geld Chips kaufen wollten oder lieber warteten, bis wir jemanden fanden, der uns Smirnoff-Wodka organisieren konnte. An solchen Tagen hatte ich am Abend vor Lachen Bauchmuskelkater und eine unbestimmte Ahnung davon, dass ich eigentlich etwas anderes wollte. Was genau das sein sollte, wusste ich nicht.

Ich wollte mein Leben nie mit Sinas Leben tauschen. Sowieso dachte ich nicht darüber nach, ob mein Leben sinnvoll war, sondern spürte die Sinnfrage eher als eine Art Unbehagen. Denn so sind Kinder und Jugendliche. Sie nehmen sehr wohl wahr, dass etwas nicht richtig läuft. Aber sie können das Problem nicht benennen und haben selten Mittel, um es ohne Unterstützung aktiv angehen zu können. Natürlich wusste ich, dass es andere Beschäftigungen gab, als im Supermarkt abzuhängen. Sina war das beste Beispiel. Sie hatte mich sogar gefragt, ob ich nicht einmal mitkommen wolle zum Volleyballtraining. Aber das ganze Drumherum, der Verein, die Kleidung, die Regeln schüchterten mich unbewusst ein. Ich spürte, dass ich jemand war, der von außen dazukommen würde. Der eine lange, subtile Einweisung bräuchte, um zu verstehen, wie es dort lief. Das wollte ich nicht. Also ließ ich es sein und redete mir ein, ich hätte einfach keinen Bock.

Was mich hemmte, war aber nicht meine Unlust, sondern es waren die unsichtbaren Grenzen. Ich kannte den inoffiziellen Verhaltenskodex des anderen Milieus nicht und fühlte mich unwohl. Statt also mit Sina zum Volleyball zu gehen, Teil eines Vereins zu sein und neue Menschen kennenzulernen, hing ich weiter auf öffentlichen Plätzen rum, rauchte, schaute Musikvideos und träumte nicht. Es gab nur eine Sache, die mich außerhalb meines Freundinnenkreises wirklich berührte. Diese eine Sache war zwar unmittelbar mit der Schule verknüpft, die ich sonst so sehr verachtete. Dennoch brachte sie einen Teil meines Ichs hervor, der kreativ wurde, diszipliniert und selbstbewusst war: die Theater-AG.

Als ich das erste Mal als Zuschauerin ein Theaterstück unserer Schul-AG sah, war ich in der fünften Klasse, und es gab eine Vorstellung nur für Schüler:innen, die vormittags stattfand. Ohne den kulturellen Stellenwert der Institution Theater an sich einordnen zu können, war ich ergriffen und begeistert von dem Stück, das die älteren Schüler:innen auf die Beine gestellt hatten. Mir war sofort klar, dass ich mitmachen wollte, und ich wartete sehnsüchtig auf die siebte Klasse, in der ich endlich alt genug war, um Teil der AG zu werden. Unser Lehrer nahm nicht jeden gleich auf, sondern veranstaltete eine Castingrunde, bei der er herausfand, ob wir eher für die Bühne geeignet waren oder ob uns eine andere Aufgabe rund ums Theater mehr lag. Maske, Requisite oder Technik etwa. Schon hier war klar: Jede:r von uns hatte andere Stärken und Vorlieben, und anders als sonst wurden wir nicht wie zufällig in Schablonen gedrückt, sondern jemand nahm sich die Zeit, um die Sache ernsthaft anzugehen. Er sah uns an, hörte uns zu. Ich war stolz darauf, dass er mich als Schauspielerin auf der Bühne sehen wollte. Das war mein ganz persönlicher Ritterschlag in einem Leben, das mir klein und langweilig erschien.

Das Schicksal der Kinder in den Händen einzelner Lehrkräfte

Heute bin ich selbst Lehrerin und weiß, dass ich es allein dem freiwilligen und unbezahlten Engagement des Lehrers zu verdanken habe, dass die AG für mich das war, was sie war. Denn, wie jede andere Lehrkraft auch, bekam er höchstens zwei Schulstunden in der Woche dafür, und alles, was er in diesen 90 Minuten nicht schaffte, tat er unbezahlt, aus freien Stücken. Er schrieb die Stücke teilweise selbst, organisierte aufwendige Kostüme, wir trafen uns, wenn es an die Aufführungen ging, viel häufiger als einmal in der Woche, arbeiteten tagelang am Bühnenbild. Wir übernachteten sogar einmal in der Schule und wuchsen dabei als Gruppe zusammen. Unser Lehrer lud uns nach den Aufführungen zu sich nach Hause zum

Abendessen ein, und nur ein einziges Mal in den vier Jahren Theater-AG flippte er aus, als wir einen Tag vor der Aufführung auf dem Klo rauchten, statt zu helfen. Er schrie uns an, dass er die Aufführung absagen würde, wenn wir nicht sofort an unsere Plätze gehen und unsere Arbeit machen würden. Ich war es gewöhnt, von Lehrer:innen angebrüllt zu werden, aber das hier war anders. Ich hatte ein schlechtes Gewissen, aber vor allem spürte ich: Da zählt jemand auf mein Tun. Ich bin wichtig. Ich habe eine Aufgabe.

Mein Lehrer ließ uns an seiner eigenen Leidenschaft teilhaben, statt uns davon abzugrenzen. Er gab uns nicht das Gefühl, dass wir es nie verstehen würden, sondern nahm uns wie selbstverständlich mit. Während andere Lehrer:innen mit dem Kopf schüttelten, weil wir keine Bücher lasen, las er mit uns in verteilten Rollen Drehbücher und schaffte es durch seine authentische Leidenschaft, uns dafür zu begeistern. Während andere Lehrer:innen sich schämten, weil wir am Wandertag im Kino eine Popcornschlacht veranstalteten, schaffte er es, dass wir still in einem Theaterstück saßen und der Vorstellung folgten. Er erwartete viel von uns, und er bekam viel. Weil er nicht bewertete, was wir mitbrachten, sondern wie wir von hier aus weitermachten. Statt uns augenverdrehend irgendwie durch die Schulzeit zu bringen, gab er uns Chancen, etwas aus uns herauszuholen und die Schule so zu etwas Besonderem zu machen. Er ist mir als Lehrer bis heute ein großes Vorbild.

Wenn ich an diese Zeit zurückdenke, kann ich noch heute die Aufregung vor den Aufführungen und die Erschöpfung danach spüren. Ich weiß noch genau, wie es sich anfühlte, zu einer Gemeinschaft zu gehören, die sich kreativ ausgelebt und erfolgreich etwas auf die Beine gestellt hatte. Es mag für jemanden, der auf dem Gymnasium war oder dort unterrichtet, nichts Besonderes sein, dass Theaterstücke gut funktionieren. Aber der überwiegende Teil der

Kids, die damals in meiner AG waren, hatte keine kulturell beflissenen Elternhäuser, kannte es nicht, gemeinsam viel Energie in ein Projekt zu stecken, war nicht vertraut damit, sich auf einer Bühne zu präsentieren. Einzig und allein der Raum, den der Lehrer uns eröffnete, war unser Zugang zum Theater und unseren Talenten, und trotzdem – statt ihn immerzu dankend anzunehmen und uns zu benehmen – waren wir: Teenager, die zu spät kamen, ihren Text nicht lernten, in den Umkleiden herumhingen und sich bei der Generalprobe in Lachanfällen verloren. Mein Lehrer hätte genügend Gründe gehabt, um die Nerven zu verlieren. Aber nie zweifelte er auch nur eine Sekunde spürbar daran, dass wir es hinkriegen würden, und nie hatte man das Gefühl, dass er lieber mit anderen Kindern zusammengearbeitet hätte.

Das Theater war dann auch im Erwachsenenalter für mich immer ein Raum, in dem ich mich wohlgefühlt habe. Ich hatte das Grundvertrauen, zu wissen, worum es geht. Im Studium konnte ich selbstbewusst und interessiert mit meinen Germanistikkommiliton:innen ein Stück besuchen und danach darüber urteilen. Während Veranstaltungen wie Lesungen, Kunstausstellungen und Podiumsdiskussionen zu Beginn meiner Unizeit für mich ein Minenfeld voller möglicher, enttarnender Patzer darstellten, hatte ich im Theater wie selbstverständlich meinen Platz.

Mein Lehrer hatte also für weit mehr gesorgt, als mich an den Probenachmittagen vom Deosprühen und Zigarettenrauchen fernzuhalten. Er hatte mir eine kulturelle Teilhabe ermöglicht, die mich für den Rest meines Lebens bestärkt und geformt hat.

Wenn man jetzt bedenkt, dass meine Begegnung mit diesem Lehrer, der mich so positiv geprägt hat, Zufall war, dass ich einfach Glück hatte, dann ist das ein trauriges Zeugnis für unser Schulsystem. Es verlässt sich auf den Zufall. Die Journalistin Melisa Erkurt, die in ihrem Buch *Generation Haram* das ungerechte – und dem deutschen sehr ähnliche – österreichische Bildungssystem kritisiert, nennt es einen »Skandal«, dass sich »das Bildungssystem eines der reichsten Länder der Welt auf eine einzelne Person verlässt«.[5]

Kein Personal, keine Chance

Es ist ein Skandal, dass unser Bildungssystem zu wenige Lehrkräfte wie meinen Theaterlehrer hervorbringt. Und es ist ein Skandal, dass gerade an Schulen in benachteiligter Lage häufig die Angebote gestrichen werden müssen, die ein Zusammenkommen außerhalb des starren Unterrichts ermöglichen. An der Schule, an der ich gerade arbeite, gibt es keine einzige AG mehr. Corona hat natürlich auch dazu beigetragen, dass alles außerhalb des Kerngeschäfts weggefallen ist. Vor allem ist das fehlende Angebot aber der Tatsache geschuldet, dass wir nicht genügend Lehrkräfte haben. Denn die wenigsten Lehrer:innen wollen freiwillig in einem vermeintlichen Brennpunkt mit schlechtem Image und Personalproblemen arbeiten.

Klar, unsere Schule ist nicht schön, wie sie da liegt. Betonklotz, bekritzeltes Schulschild, karger Schulhof. In unserer Schule wird zu oft der Feueralarm ausgelöst, zu häufig steht die Polizei auf der Matte. Schlägereien und kleinkriminelle Vergehen stehen auf der Tagesordnung. Unsere Klassenzimmer füllen sich derweil mit Kindern, die von anderen, vermeintlich besseren Schulen herunter-

---

[5] Melisa Erkurt: Generation Haram. Warum Schule lernen muss, allen eine Stimme zu geben, Wien 2020, S. 12

fliegen, während der Personalnotstand wächst. Schüler:innen, die auf unserer Schule landen, wissen, dass sie auf der Bildungsleiter ganz unten stehen. Entsprechend verhalten sich viele von ihnen. Egal, was sie tun, von unserer Schule wird sie so schnell keiner schmeißen.

Dass unsere Schule nicht den allerbesten Ruf hat, kann ich also verstehen. Vielleicht sogar, dass die wenigsten Lehrkräfte freiwillig kommen. Nicht jede:r hat etwas aufzuarbeiten, so wie ich. Bevor die Schulleitung also über AGs oder andere Kapriolen nachdenken kann, muss sie versuchen, die Löcher im Stundenplan zu stopfen.

Außerdem gibt es viele verstaubte Systemklauseln, die es angestellten und nicht verbeamteten Lehrkräften wie mir nicht möglich machen, dauerhaft zu bleiben. Ich als Gymnasialkraft zum Beispiel müsste eine aufwendige Wechselprüfung machen, um die Lehrbefähigung für die Haupt- und Realschule und damit überhaupt die Chance auf eine unbefristete Stelle zu bekommen. Tatsächlich hatte ich schon einmal vor, diese Prüfung zu absolvieren, um mich nicht weiterhin als Vertretungskraft von Halbjahresvertrag zu Halbjahresvertrag hangeln zu müssen. Zwar kam es mir absurd vor, neben zwei Lehrproben auch erneut drei Kolloquien ableisten zu sollen, schließlich hatte ich all das in meinem Referendariat schon gemacht. Aber ich bewarb mich trotzdem – die Sicherheit einer unbefristeten Stelle schien mir die Mühe wert. Zugangsvoraussetzung war, neben meiner Gymnasialbefähigung und einem Gutachten der Haupt- und Realschulleitung, dass ich bereits mindestens 18 Monate Unterrichtserfahrung an einer Haupt- und Realschule hatte. Ich hatte zum Zeitpunkt der Antragsstellung zur Prüfung sogar schon zwanzig Monate hinter mir. Nach meinem Referendariat hatte ich sechs Monate an einer entsprechenden Schule in Hessen gearbeitet und 14 Monate an meiner jetzigen Schule. Trotzdem wurde mein Antrag abgelehnt. Weil ich vier von den 18 Monaten in einem anderen Bundesland abgeleistet hatte. Ich solle in zwei Monaten einen neuen Antrag stellen. Meine Kolleg:innen scherzen seitdem ständig: »Wann machst du endlich die Abstiegsprüfung, damit du hier bleiben kannst?« Ich bin noch beleidigt und habe mich nicht wieder beworben. Vielleicht nächstes Jahr.

Was ist es für ein Signal an unsere Jugendlichen, dass sie in der Schule von überlastetem Personal betreut werden? Was ist es für ein Signal an die Eltern und Lehrkräfte, dass jede Aktivität, die über den Unterricht hinausgeht, gestrichen wird, weil die Personalsituation nicht vernünftig geregelt ist? Geht irgendjemand davon aus, dass das unseren Kindern egal ist? Dass sich Menschen mit gesellschaftlich erwünschten Eigenschaften wie Ausdauer, Teamgeist, Engagement und Fachwissen einfach aus sich selbst heraus entwickeln, trotz aller destruktiven Dynamiken, die nicht nur, aber vor allem an Brennpunktschulen am Werk sind?

Wie geht das gute Leben?

Man könnte davon ausgehen, dass sich eine Leidenschaft oder ein Interesse allein aus dem eigenen brillanten Charakter formt. Das ist nicht so. Eine Leidenschaft oder ein Interesse zu entwickeln und zu verfolgen, setzt Privilegien voraus. Interessen entstehen durch Teilhabe. Sie entstehen, wenn ich als Kleinkind Steine ins Wasser schmeiße oder mit einem Stock Linien in den Kies ziehe. Sie entstehen in den Momenten, wo ich im Puppentheater über den tollpatschigen Kasper lache, vom Beckenrand in die Arme einer lachenden Person springe. Sie entstehen auf dem Bauernhof, wenn ich die

Hühner füttern und das Pferd striegeln darf. Sie entstehen beim Musikhören und -verstehen, beim Ausprobieren, beim Trommeln. Beim Tüfteln und Mithelfen. Beim ersten Versuch, über den Balken zu balancieren, und dem Gefühl der Hand, die mich geduldig darüberführt. Sie entstehen bei der Aufführung, für die wir Wochen geprobt haben und bei der Mama und Papa zuschauen und filmen und das Video danach an die gesamte Verwandtschaft schicken. Sie entstehen, wenn mir die Welt erklärt wird, wenn ich Gefühle zeigen darf, wenn jemand meine Wut mit mir aushält. Wenn ich eine Medaille bekomme oder auf einem Siegertreppchen stehe. Wenn ich an etwas scheitere und trotzdem noch mal etwas anderes beginnen darf. Wenn ich die richtige Ausstattung bekomme. Wenn mich jemand zu dem wichtigen Spiel, der wichtigen Aufführung fährt. Wenn ich zufällig eine Lehrkraft habe, die aus freien Stücken mehr in ihren Job investiert, als der Durchschnitt es tut.

Wenn diese Dinge passieren, dann stehen die Chancen gut, dass ich an meinem achtzehnten Geburtstag eine Kiste von meinen Eltern in die Hand gedrückt bekomme, die allerlei Erinnerungen an meine Identitätsbildung enthält. Fotos, Urkunden, Malereien, Stempel, Mappen, Abzeichen. Ich habe erfahren, dass das Leben interessant ist. Ich habe Fähigkeiten entwickelt, die ich weiterverfolgen kann. Darüber hinaus habe ich gelernt, dass es mir zusteht, etwas auszuprobieren. Dass es nicht nur für *die anderen* ist, sondern tatsächlich auch für mich.

Die Ausbildung von Talenten und Fähigkeiten ist also sehr eng mit dem Elternhaus verknüpft. Was brauchen diejenigen Kinder, denen ein unterstützendes Elternhaus fehlt, damit sie ihr Leben ebenso auskosten und gestalten können? Sie brauchen einen Ort, außerhalb vom eigenen Zuhause, der ihnen genau diese Möglichkeiten gibt, an dem sie sich ohnehin aufhalten. Die Schule hat aufgrund der gesetzlichen Schulpflicht sehr viel Potenzial, dieser Ort zu sein. Schließlich versammeln sich dort alle Kinder, unabhängig von ihrem Elternhaus, tagtäglich. Es ist also naheliegend, hier anzusetzen und die Möglichkeiten zu erweitern.

Was kann Schule nun konkret tun? Die Antwort ist frustrierend und ermutigend zugleich: Sehr viel! Schule könnte den Kindern und Jugendlichen genau das ermöglichen, was ihnen zu Hause aus verschiedensten Gründen nicht geboten werden kann, sie aber so dringend brauchen. Sie könnte neben der vormittäglichen Vermittlung von gezieltem Fachwissen auch ihre Nachmittage ausfüllen. Und zwar nicht nur, indem sie die Kids einfach weiter betreut, damit die Eltern zur Arbeit gehen können. Sondern indem sie Angebote macht, die die Schüler:innen wirklich abholen. Indem sie ein Netz an Bezugspersonen, Freizeitangebot und psychosozialer Beratung spannt, von dem die Kinder aufgefangen werden. Egal, aus welchem Milieu sie kommen. Die Schule ist dann kein vom Rest des Lebens losgelöster Ort, sondern Dreh- und Angelpunkt kulturellen und gesellschaftlichen Geschehens. Dazu arbeitet die Schule eng mit anderen Institutionen zusammen: mit der Stadt, mit Kunst- und Musikschulen, mit Turn- und Sportvereinen und mit der Universität.

Ich möchte dieses Gedankenspiel an einem Beispiel konkret machen: Eines der Dinge, das bei Kindern aus sozioökonomisch schwachen Familien häufig keine Rolle spielt, dafür aber eines der plakativsten Milieumerkmale von Kindern aus bildungsbürgerlichen Verhältnissen ist, ist das Erlernen eines Musikinstruments. Statt dass Musikunterricht für Kinder und Jugendliche aber nachmittags in den Räumen der Musikschulen stattfindet und die Kinder von ihren Eltern angemeldet werden müssen, könnten die entsprechenden Lehrer:innen ins Schulhaus kommen, in dem gut ausgestattete Musikzimmer eingerichtet worden wären. Es gäbe Noten, Instrumente und begleitendes Übungsmaterial vor Ort. In der Schule fänden dann Gruppen- und Einzelstunden statt. Je nach Bedarf der Schüler:innen. Gerade die Kleinen hätten genügend Möglichkeiten, sich ihrer Interessen entsprechend auszuprobieren.

Das alles würde angeleitet und reflektiert durch Sozialarbeiter:innen, die für die Kinder eine Bezugsperson darstellten und auch im Kontakt mit den Musiklehrer:innen und den Eltern der Kinder stünden. Natürlich fänden nicht nur Proben in der Schule statt, sondern auch Aufführungen, die die Stadt fördern würde. Zusätzlich würden die jeweiligen Kurse auch regelmäßig zusammen auf Konzerte und andere naheliegende Veranstaltungen fahren. So erführen die Schüler:innen ganz natürlich und alltäglich kulturelle Teilhabe, weil sie im wahrsten Sinne des Wortes mitgenommen würden und es Menschen gäbe, die Brücken für sie bauen würden. Milieus würden sich auf Kulturveranstaltungen ganz von allein mischen, Berührungspunkte entstünden, Vorurteile könnten überwunden werden. Eine Bereicherung für alle also.

An dem Gymnasium, auf dem ich mein Referendariat gemacht habe, gab es eine Musikklasse. (Die Klasse nannte sich »Bläserklasse«, was Tür und Tor für schlechte Witze unter Pubertierenden öffnet. Ich würde die Klasse also anders nennen, aber das spielt hier keine Rolle.) Das Konzept war, dass es unter den fünften Klassen diese eine gibt, in der jedes Kind ein Blasinstrument bekommt und es über die komplette Schullaufbahn hinweg darin begleitet wird, dieses Instrument zu lernen. Bei allen möglichen Schulveranstaltungen wurden die Schüler:innen auf die Bühne geholt, und das war eine tolle Sache. So etwas kann ein Anfang sein. Ein Anfang könnte auch sein, dass die Schule eng mit der Universität zusammenarbeitet und Studierende mit ins Boot holt. Junge Menschen, vielleicht Lehramtsstudierende, die nachmittags in die Schule kommen und Kurse anbieten. Gut bezahlt natürlich. Ein sicherer Job, bei dem sie schon einmal lernen, wie sie mit Kindern und Jugendlichen arbeiten können. Vor allem Studierende im Gymnasiallehramt lernen das nämlich während des Studiums in viel zu kleinem Umfang.

Um solche Kooperationen zu schließen, wirklich auszuschöpfen und für alle Beteiligten attraktiv zu machen, bräuchte es ohne Ende helfende Hände, die bezahlt werden müssen. Dieses Geld sollte uns ein Bildungssystem wert sein, das allen Schüler:innen die Chance auf gesellschaftliche Teilhabe gewährt. Sicher könnten auch solche Fördermaßnahmen nicht alle retten. Doch sie wären ein Anfang. Nicht mehr und nicht weniger.

»Wir machen das Beste draus«

Ein solcher Anfang könnte für meine Schüler:innen die entscheidende Weiche in ihrem Leben sein. Zum Beispiel für Nihal. Eine Schülerin, der ich nichts mehr wünsche als die Möglichkeit, sich selbst zu finden und ihr Leben auszufüllen. Mit den Dingen, die sie können könnte und wollen würde. Wenn sie die Möglichkeit bekäme.

Nihal und Semina sind beste Freundinnen. Über ihre Freundschaft sagen sie selbst, sie sei wie »Kleber« und halte die beiden in »Dauerkontakt«. Dass sie wie Kleber sind, sieht man nicht nur in der Schule, sondern das zeigt sich auch an den Nachmittagen. Sie verbringen jede freie Minute miteinander, und weil Semina relativ weit weg von der Schule wohnt und Nihal nicht gerne zu Hause ist, sind sie gezwungen, irgendwo draußen abzuhängen. Bei gutem Wetter kaufen sie sich Sonnenblumenkerne und Eistee und setzen sich in den Park. Bei schlechtem Wetter gehen sie ins Einkaufszentrum, schlendern durch die Läden und probieren Klamotten an, die sie sich nicht kaufen. Manchmal treffen sie Abdi und Bogdan, die eine Klasse über ihnen sind. Oft geraten sie mit den beiden aber in Streit oder in »Diskussion«, am leichtesten funktioniert es einfach zu zweit. Ihre Nachmittage vergehen ohne jeden Plan, ohne Verbrechen, ohne Ziel. Semina und Nihal sind zwei wunderbare Mädchen. Sie sind meistens gut gelaunt, sie versuchen in der Schule am Ball zu bleiben, aber »übertreiben es nicht«, laut eigener Aussage. Sie machen ihren Mitschüler:innen Geschenke zum Geburtstag. Sie verteidigen die, die sich nicht selbst wehren können. Sie wissen, wie man eine innige Freundschaft führt und pflegt. Sie verteilen das Essen, das sie am Kiosk für ihre letzten paar Euro gekauft haben, wenn die anderen nichts dabeihaben.

Nihal kennt ihren Vater kaum. Ihre Mutter kann nicht zum Elternabend kommen, weil sie Nachtschichten an der Tankstelle schiebt. Nihal ist immer pünktlich in der Schule, es sei denn, Seminas Bus hat Verspätung. Dann kann es vorkommen, dass sie auf ihre Freundin wartet. Nihal ist nicht schlank und trägt trotzdem Leggins und bauchfreie Tops, und es »juckt sie nicht«, was andere davon halten. Nihal hat ihr Praktikum im Seniorenheim gemacht, fand die alten Menschen »süß« und hat ihnen zugehört und ihre Teetassen weggeräumt. Sie hatte ein paar schlechtere Tage dort, weil eine der Mitarbeiterinnen nicht aufhören wollte, ihre Religion infrage zu stellen, aber ansonsten war das Praktikum »stabil«.

Nach dem Praktikum nahmen wir uns als Klasse eine Stunde Zeit, um ein bisschen zu erzählen, und ich stellte die Frage nach einer Erkenntnis, die die Schüler:innen aus den zwei Wochen mitgenommen haben. Nihal antwortete sofort: »Dass es egal ist, wer du bist. Am Ende bist du alt und kannst nichts mehr alleine machen, so wie alle anderen auch.« Sie erzählte dann von einem Bewohner des Seniorenheims, der Schulleiter eines Gymnasiums ihrer Stadt gewesen war und nun so alt, dass er auf Betreuung angewiesen war. Es schockierte sie, dass »so einer« das gleiche Schicksal erfuhr wie »alle anderen«. Ich war einigermaßen sprachlos, weil sich alle Reaktionen, die sich in meinem Kopf formten, falsch anfühlten. Also antwortete ich nicht selbst, sondern fragte in die Runde: »Und wie leben wir jetzt unser Leben, wenn wir wissen, dass wir alle irgendwie gleich enden?« Ich erwartete irgendeine traurige, frustrierende oder halbironische Antwort und suchte selbst nach dem Silberstreifen am Horizont, um die Stunde nicht allzu trostlos zu beenden. Stattdessen antwortete Nihal selbst: »Wir machen das Beste aus unserem Leben, damit wir es möglichst gut ausgenutzt haben, was sonst?«

Wie immer, wenn ein harmloses Unterrichtsgespräch droht, zum Deeptalk zu werden, brach die Klasse in Gelächter aus, und die Pausenklingel tat ihr Übriges. Das Klassenzimmer war schnell leer, und ich blieb allein mit der Frage zurück, was das Beste ist, das Nihal aus ihrem Leben machen kann. Nihal, die so oft Ja zum Leben sagt und ein ständiges Schulterzucken zurückbekommt.

KAPITEL 5 – SELEKTION IM BILDUNGS-SYSTEM – CHANCEN IM SOZIALSTAAT

Viel hilft viel

Die gar nicht mal so feinen Unterschiede in unserer Gesellschaft sind in den Geschichten über meine Schüler:innen und mich sehr deutlich geworden. Es gibt sie wirklich, das ist offensichtlich. Unser Bildungssystem antwortet auf diese Unterschiede mit entsprechend vielen Schulformen und Abläufen, die die Ungleichheit weiter manifestieren. Grundschule, Hauptschule, Realschule, Förderschule, Vorschule, Gymnasium, Gesamtschule, Sitzenbleiben, Runterfliegen, Überspringen. Oder kurz gesagt: Trennung. Darauf basiert unsere Art, Schule zu machen. In 16 verschiedenen Bundesländern mit 16 unterschiedlichen Schulsystemen. Aber alle eint der Aspekt der Trennung. Die guten ins Töpfchen, die schlechten ins Kröpfchen. Ich möchte mir das deutsche Schulsystem und seine verschiedenen Weichenpunkte genauer ansehen und mich fragen: Wieso selektieren wir eigentlich so viel und: kann das funktionieren?

Aussieben

Das Gymnasium, an dem ich mein Referendariat absolvierte, lag in einem belebten Stadtteil mit sanierten Altbauten, vielen Cafés und hoher Akademiker:innenrate. Dort begegnete mir ein Begriff immer wieder. Ich schnappte ihn im Lehrer:innenzimmer auf, er fiel bei Schulkonferenzen, ich hörte ihn, wenn Kolleg:innen sich auf dem Gang unterhielten. Der Begriff lautete *aussieben*. Meistens benutzten ihn ältere Kolleg:innen und hatten dabei gar nichts Böses im Sinn. Sie wollten das Gymnasium, so wie sie es noch aus ihrer eigenen Kindheit und Jugend kannten, bewahren, oder vielmehr: es zurückerobern. Das scheint engagiert, fast schon rührend. Mir aber schlug der Begriff jedes Mal, wenn jemand ihn in den Mund nahm, in die Magengrube. Es machte mich wütend, dass die Kinder, die es »auszusieben« galt, nicht nur diejenigen waren, die das Leistungsniveau der Klasse drückten. Sondern gleichzeitig auch diejenigen aus sozioökonomisch schwachen Elternhäusern. Die Kinder, die im Jogginganzug zur Schule kamen und deren Eltern bei der Anmeldung planlos über die Schulflure irrten. Die Kinder, die mit ihren zehn Jahren auf dem Gymnasium gelandet waren und nun nicht ablieferten, was man von ihnen erwartete. Die Kinder, die die anderen zu bremsen schienen, weil ihr Leistungsrückstand die Lehrer:innen aufhielt.

Da war aber nicht nur Wut in mir, sondern auch Scham. Schließlich hatte ich es in meiner Kindheit nicht mal ins Elitesieb hineingeschafft, sondern wurde schon vorher aussortiert. Dass ich jetzt über Umwege auf der anderen Seite angekommen war, fühlte sich fast anmaßend an. Ich fragte mich einmal mehr, ob ich als Lehrerin am Gymnasium richtig war. Die Mischung aus der trotzigen Kränkung eines abgewiesenen Kindes und der Angst aufzufliegen begleitete mich. Sie führte dazu, dass ich stets zu feige war, meinen Mund aufzumachen. Ich hielt mich dezent zurück, wenn in der Freistunde wieder über Töpfchen und Kröpfchen diskutiert wurde.

Zwei Jahre später: Ich war mittlerweile Vertretungskraft auf der Haupt- und Realschule in der Nachbarstadt, in dem Stadtteil mit den Wohnblöcken, den Backshops und der hohen Migrationsrate. In der achten Klasse bekam ich eine neue Schülerin, die zufällig zuvor auf eben jenem Gymnasium gewesen war, an dem ich mein Referendariat gemacht hatte. Jetzt saß sie bei uns: Schwarze Haare, Jogginghose und jene Aussprache und Sprachmelodie, die es den Menschen leicht macht, sie in eine Schublade zu stecken. Sie war ausgesiebt worden. Mit ihren fast 14 Jahren reichlich spät. Aus der Perspektive der Aussiebverfechter:innen vielleicht »besser spät als nie«.

... und auffangen

Während die Kolleg:innen am Gymnasium ihre Schule als »Sieb« bezeichnen, fällt in der Teeküche der Brennpunktschule der Begriff des »Auffangbeckens« in ähnlicher Frequenz. Als ich den Begriff das erste Mal hörte, empfand ich wieder ein Unwohlsein, ähnlich wie damals auf dem Gymnasium. Diesmal aber nicht bezogen auf die Kolleg:innen, die den Begriff aussprachen. Vielmehr spürte ich einen ziellosen Groll, den ich bald als ein Gefühl der Ohnmacht durchschaute. Denn die Metapher des »Auffangbeckens« trifft es leider sehr gut.

Wir sind die letzte Station für viele unterschiedliche Kinder und Jugendliche. Da sind zum einen diejenigen, die »von oben« aus dem Gymnasium zu uns gespült werden. Ich beobachte jedes Mal die gleiche Dynamik, wenn sie bei uns ankommen. Auf der einen Seite wirken sie abgekämpft, und man merkt ihnen die subtile Demütigung an, die sie erfahren haben. Auf der anderen Seite haben sie Schwierigkeiten, sich mit ihrem neuen Umfeld zu identifizieren, und fühlen sich ein Stück weit überlegen. Das liegt auch daran, dass sie von ihren neuen Mitschüler:innen mit Phrasen wie »Oha, da kommt die Schlaue« begrüßt und somit gleich wieder zurück in die Schublade hineingedrückt werden, aus der sie zuvor rausgeflogen waren. Vor allem liegt es aber daran, dass sie die soziale Abwertung, die das Bildungssystem durch seine Aufteilung in *oben* und *unten* einkalkuliert, am eigenen Leib erfahren haben. Sie sind abgestiegen. Zu denen, die von vornherein weiter unten waren und die Luft *da oben* nie geschnuppert haben. Das kränkt alle.

Diese Schüler:innen landen also bei uns im Realschulzweig und bleiben dann meistens dort. Häufig verbessern sich ihre Noten deutlich. Das wird dann als Beweis dafür herangezogen, dass sie hier richtig sind und zu schwach für das Gymnasium waren. Selten müssen sie aber auch nach wenigen Monaten auf unserer Schule noch weiter nach »unten« – in den Hauptschulzweig. Ihr Bildungsabstieg endet dann bei uns, im Auffangbecken, denn weiter absteigen können sie nicht.

Neben denen, die es auf dem Gymnasium nicht gepackt haben, landen bei uns auch noch die Jugendlichen, die von anderen Haupt- und Realschulen heruntergeflogen sind. Auch wir verabschieden ab und an Jugendliche, deren Akte sich nicht mehr schließen lässt und für die nur noch die letzte Sanktion »Schulausschluss« infrage kommt. Unsere Schule ist also nicht das einzige »Auffangbecken«, sondern teilt sich den Titel mit den anderen vergleichbaren Schulen der Stadt. Als Letztes kommen noch etliche neue Kinder pro Jahr an die Schule, die wenige oder keine Deutschkenntnisse haben. Häufig sind das Kinder, die vor Kriegen geflüchtet sind und sich hier ein neues Leben aufbauen müssen. Sie selbst, geschweige denn ihre Eltern, kennen die Strukturen des deutschen Bildungssystems nicht und sind darauf angewiesen, dass die Lehrer:innen sie in ihrem neuen Leben begleiten, beraten und verstehen.

Egal ob gescheiterte Gymnasiastin, schulverwiesener Hauptschüler oder das geflüchtete Kind ohne Deutschkenntnisse: Diese Kinder eint der Stempel des Abstiegs, des Problemfalls. Die Erwachsenen haben den Kindern bescheinigt: Ihr lauft nicht in der Spur. Die Spur aber ist sehr eng und verläuft ohne Abzweigungen und Umwege. Ohne Haltepunkte.

Empfehlung zum Scheitern

Das grobe Sortieren findet statt, bevor die Kinder auf der weiterführenden Schule landen. Das erledigt die Grundschulempfehlung. In 14 Bundesländern endet die Grundschule nach der vierten Klasse. Berlin und Brandenburg sind die Ausnahme und trennen die Kinder erst nach der sechsten Jahrgangsstufe.

Die Grundschulempfehlung ist die erste Weiche in den Bildungsbiografien unserer Kinder, und man möchte meinen, dass die Kinder ihren Fähigkeiten entsprechend auf die unterschiedlichen Schulen entsendet werden. Doch schon die Grundschulempfehlung verstärkt soziale Ungleichheit. Darauf weist etwa die Tatsache hin, dass in den fünften Klassen der Haupt- und Realschulen sehr viele Kinder aus sozioökonomisch schwachen Familien sitzen. Während die Elternschaft auf den Gymnasien nämlich zu über 60 Prozent aus Akademiker:innen besteht, sind es auf Hauptschulen gerade mal 17 Prozent. Dagegen haben über 50 Prozent der Eltern an Hauptschulen selbst einen Hauptschul- oder gar keinen Schulabschluss, während sich in der Elternschaft auf dem Gymnasium nicht mal 10 Prozent ohne oder mit einem Hauptschulabschluss wiederfindet.[6]

Ein Grund für die ungleiche Verteilung nach der Grundschule ist, dass die Kinder aus sozioökonomisch schwachen Familien häufig schlechtere Noten als ihre privilegierteren Mitschüler:innen haben. Dass diese Noten in der Regel der fehlenden häuslichen Unterstützung geschuldet sind, wissen wir zwar, doch bei der Leistungsmessung wird an diese Kinder dennoch der gleiche Maßstab angelegt.

Was aber noch ungerechter ist: Selbst wenn diese Kinder am Ende ihrer Grundschulzeit die gleichen Leistungen wie ihre Mitschüler:innen aus bessergestellten Elternhäusern abliefern, heißt das noch lange nicht, dass sie die gleiche Empfehlung bekommen. Verschiedene Studien haben gezeigt, dass Kinder aus sozial schwachen Milieus weniger wahrscheinlich eine Gymnasialempfehlung bekommen als ihre besser situierten Mitschüler:innen – trotz gleicher Leistung. Hinzu kommt, dass auch der elterliche Umgang mit der Grundschulempfehlung abhängig von der sozialen Schicht ist. Mehr als die Hälfte der Eltern mit einem niedrigen sozioökonomischen Status folgen der Empfehlung der Lehrkräfte, während fast

---

6 Vgl. Hans-Werner Freitag, Frédéric Blaeschke; Der sozioökonomische Status der Schülerinnen und Schüler, in Datenreport 2021, URL: https://www.bpb.de/kurz-knapp/zahlen-und-fakten/datenreport-2021/bildung/329670/der-soziooekonomische-status-der-schuelerinnen-und-schueler/, zuletzt aufgerufen am 15.6.2022.

80 Prozent der Akademikereltern ihr widersprechen, wenn auf dem Empfehlungsschreiben nicht das gewünschte Gymnasium steht.[7] Ich möchte den Grundschullehrkräften, die diese Empfehlungen aussprechen, aber keinen pauschalen Vorwurf machen. Zum einen sind wir alle Teil eines über Jahrzehnte lang gewachsenen Systems und haben unsere falschen Überzeugungen und starken Bilder, die uns immer wieder in unseren Urteilen und Entscheidungen (fehl-)leiten. Zum anderen weiß ich aus Gesprächen mit Grundschulkolleg:innen, dass viele sich bewusst über den Unterschied sind, ihn aber trotzdem machen. Mit guter Absicht. Etwa weil sie zu wissen meinen, dass ein Kind auf dem klassischen Gymnasium ohne die permanente häusliche Unterstützung keine Chance hätte. Sie wollen es vor dem Versagen bewahren. Ein eher leistungsschwaches, dafür aber gut situiertes Kind mit engagiertem Elternhaus können sie viel eher nach *oben* entlassen, weil sie wissen, dass es aufgefangen wird.

Man kann sich darüber streiten, ob es ver- oder angemessen ist, als Lehrkraft eine so weitreichende Entscheidung aufgrund eines subjektiven Eindrucks zu treffen. Man kann aber auch der Realität ins Auge blicken und feststellen, dass den Lehrkräften schlicht nichts anderes übrig bleibt. Die Ungerechtigkeit dieser Entscheidungen ist der Vorgabe geschuldet, dass die Kinder so früh – oder überhaupt – getrennt werden.

---

7 Jutta Allmendinger: Schulaufgaben. Wie wir das Bildungssystem verändern müssen, um unseren Kindern gerecht zu werden, Berlin 2012, S. 88f.

Orientieren bedeutet: Beweisen

Die fünfte und sechste Klasse an den weiterführenden Schulen wird meistens Orientierungsstufe genannt. Der Begriff suggeriert, dass alle Kinder die Möglichkeit haben, das neue Gebiet in Ruhe zu erschließen, ihren Platz zu finden, sich heimisch zu fühlen. Das Problem ist nur: Die Landkarten für die neue Schule stellen vor allem die Elternhäuser bereit. Deswegen hat nicht jedes Kind die gleichen Voraussetzungen, um sich in Ruhe umzuschauen, sich einzugewöhnen, seinen Platz zu finden. Aus der Lehrerinnenperspektive kann ich sowohl für das Gymnasium im bürgerlichen Stadtteil als auch für die Haupt- und Realschule im sozialen Brennpunkt sagen: Die fünfte und sechste Klasse ist ein einziger Test. Die Kinder stehen unter großem Druck.

Auf dem Gymnasium herrscht vor allem Leistungsdruck. Wer ist zu Recht hier? Wer wird gute Noten abliefern? Wer muss gehen? Je nach Lehrkraft und ihrer Einstellung zum Gymnasium wird diese Erwartungshaltung den Kindern auch ganz klar kommuniziert. Die Eltern sind hier also am Zug: Meistens müssen sie das Kind eng begleiten und fördern, damit es auf dem Gymnasium bestehen kann. Sie müssen mit ihm Hausaufgaben machen, für Klassenarbeiten lernen, Präsentationen vorbereiten, seine Termine im Blick behalten.

Auf Schulen in sozial benachteiligter Lage ist der Druck eher sozialer Art. Hier treffen Kinder mit sehr unterschiedlichen und teilweise prekären familiären Hintergründen aufeinander. Ihre Strategien, um mit diesen Hintergründen umzugehen, sind so individuell wie die Schüler:innen selbst. Nicht wenige Kinder versuchen ihre Probleme mit Gewalt zu lösen. Mit stiller, unauffälliger Gewalt wie Erpressungen oder Drohungen. Aber auch mit offensichtlicher Gewalt wie Beleidigungen und Schlägereien. Und es gibt eine Regel: Wer stärker ist, gewinnt. Die Kleinsten haben also zwei Möglichkeiten: Angriff oder Flucht. Die Kinder, die flüchten, ziehen sich zurück, bleiben unauffällig, mucken nicht auf. Die Kinder, die angreifen, lassen sich nicht kleinmachen, übernehmen die Kontrolle, wenn nötig auf Kosten anderer. Die Eltern wirken in der Regel schulisch nicht allzu viel auf ihre Kinder ein, sondern hoffen, dass ihr Kind keine Probleme macht.

Was aber alle Fünftklässler:innen eint: Es ist eine besondere Herausforderung, sie zu unterrichten. Das hat mehrere Gründe: Erst einmal kennen die meisten Kinder sich untereinander nicht. Sie müssen sich also völlig neu ordnen und Freund:innen finden – neben dem Einfinden an der neuen Schule, diesem Ort mit den anderen Regeln und den vielen unterschiedlichen Lehrer:innen. Die Kinder sind unbeherrscht und noch kindlich, sehr emotional und eigentlich zu unselbstständig für das, was sie in der Schule leisten sollen. Gerade weil sie noch so klein sind, sind sie natürlich mehr als andere Schüler:innen darauf angewiesen, dass man sich ihnen widmet. Das Wissen darum, dass sie nach der Schule in die offenen Arme ihrer Eltern laufen, die sich alldem annehmen, ist für Lehrkräfte sehr entlastend. Das Wissen darum, dass die Eltern nicht die Kapazitäten haben, das Kind in dieser sensiblen Phase zu begleiten, ist hingegen sehr belastend.

Ich finde mich auf der Brennpunktschule also regelmäßig in Situationen wieder, in denen mir Kinder orientierungslos erscheinen und ich sie gerne enger begleiten würde. Leider habe ich keine Ahnung, wie das gehen soll. Wie kann ich, als einzige erwachsene Person im Klassenzimmer, 25 völlig unterschiedliche Zehnjährige in so kurzer Zeit kennen- und verstehen lernen, während ich ihnen grundlegendes Fachwissen vermitteln muss? Will man seinen Job als Pädagogin in Deutschland gut machen, stößt man sehr schnell an die Grenzen des Systems.

Aber wie ist dieses Schulsystem, das mich so unzufrieden macht, eigentlich zu uns gekommen? Es muss doch einen Grund haben, dass Kinder möglichst früh (aus-)sortiert werden. Dass wir sie in *stark* und *schwach* unterteilen. Es muss auch einen Grund haben, dass ausnahmslos alle 16 Bundesländer am Gymnasium als höchste Schulform festhalten. Dass auf Haupt- und Realschulen doppelt so viele Kinder aus Einwandererfamilien kommen wie auf dem Gymnasium. Und es muss einen Grund haben, dass wir das einfach so hinnehmen.

Die Trägheit des Systems

»Selektionswut«[8], so nennt der Bildungsforscher Aladin El-Mafaalani den für unser Bildungssystem typischen Drang nach Trennung und Aufteilung. Wo liegt ihr gesellschaftlicher Mehrwert, warum funktioniert unser Schulsystem so? Kurzgefasst lautet die Antwort: Wir selektieren, weil jeder und jede an einen bestimmten Platz soll. An den Platz nämlich, der für sie oder ihn vorgesehen ist.

Und das tun wir schon lange, denn unser Bildungssystem orientiert sich an der alten Klassengesellschaft und dem Arbeitsmarkt zu Zeiten der Industrialisierung. Der deutsche Sozialstaat hat seit dem 19. Jahrhundert zur Aufgabe, für Sicherheit – im Sinne von Statussicherung – und Gerechtigkeit zu sorgen. Diese Ziele hat unser Bil-

---

8 Aladin El-Mafaalani: Mythos Bildung. Die ungerechte Gesellschaft, ihr Bildungssystem und seine Zukunft, Köln 2020, S. 175

dungssystem übernommen. Das Problem ist nur, dass die beiden Ziele nie gleich gewichtet wurden. Statussicherung stand immer im politischen Fokus, während die (zugegeben komplizierte) Frage der Gerechtigkeit im besten Falle mitgedacht wurde. Damit vernachlässigte Deutschland den Aspekt sozialer Gerechtigkeit aber nicht nur, sondern »konserviert« im Deckmantel der (Status-)Sicherheit die soziale Ungerechtigkeit sogar noch. El-Mafaalani schreibt in seinem Buch *Mythos Bildung*:

> *Aus diesem Grund wurde der deutsche Sozialstaat in der international vergleichenden Forschung auch als »konservativer Wohlfahrtsstaat« bezeichnet. Der Statussicherung wurde eine prominente Stellung eingeräumt, wohingegen Chancengleichheit praktisch keine Rolle spielte.*[9]

Statussicherung bedeutet in diesem Zusammenhang: Als gesellschaftlicher Erfolg gilt, wenn der Arbeitersohn einen Job als Arbeiter findet und die Akademikertochter ebenfalls studiert. Das impliziert einen festen Platz in der Gesellschaft qua Geburt – mit so wenig Abstiegsrisiko wie Aufstiegschancen. Auf die Schule übertragen bedeutet das: Die Hauptschüler:innen sollen praktische Arbeit finden, die Abiturient:innen theoretische und die Realschüler:innen irgendwas dazwischen. Würde die Gesellschaft heute noch so funktionieren wie vor 50 Jahren, wäre das System zwar nicht gerecht, aber immerhin begründet. Es gab nämlich eine Zeit, in der es zumindest hielt, was es versprach. Denn bis weit ins zwanzigste Jahrhundert hinein funktionierte der von der industriellen Produk-

---

9 Aladin El-Mafaalani, Mythos Bildung, S. 168

tion geprägte Arbeitsmarkt so, dass körperliche und geistige Arbeit ziemlich klar voneinander getrennt stattfanden. Darauf bereiteten die unterschiedlichen Schulformen ihre Schüler:innen vor.

Doch das dreigliedrige Schulsystem macht heute keinen Sinn mehr, weil der heutige Arbeitsmarkt komplexer geworden ist. Wir teilen die Gesellschaft zwar immer noch in Schichten oder Gruppen ein, allerdings gibt es auf dem Arbeitsmarkt nicht mehr genügend erstrebenswerte Berufe und Zukunftsaussichten für jede dieser Gruppen. Denn anders als früher werden heute immer weniger geringqualifizierte Arbeitskräfte benötigt, da es im Bereich der Einfachtätigkeiten immer weniger Jobs gibt. Stattdessen benötigt der Arbeitsmarkt mehr und mehr Fachkräfte und Spezialist:innen. Konkret bedeutet das für Hauptschüler:innen: Es gibt kaum Jobs für sie, denn die meisten Ausbildungsstellen gehen an die Realschüler:innen und Gymnasiast:innen.

Das Schulsystem hat einige ziellose Bestrebungen gezeigt, sich dieser Dynamik anzupassen. Es »expandiert ohne Strategie«, wie El-Mafaalani es formuliert. Das spiegelt sich in den vielen kleinen, oft länderspezifischen Reformen wie G8, der Einführung von Ganztagsschule oder der Abschaffung der reinen Hauptschule wider. Das streng dreigliedrige Schulsystem wurde mehr und mehr zusammengerafft, in dem Haupt- und Realschulen zusammengefasst und die Gesamtschulen etabliert wurden. Das Gymnasium formt nach wie vor die Bildungsspitze.

Die vielen Mikroreformen haben dazu geführt, dass es mehr Jugendliche mit hohen Bildungsabschlüssen gibt. Das sind gute Nachrichten, auch wenn es Bedenkenträger:innen gibt, die Angst um Deutschlands Elite haben. Die Mischung ist zwar immer noch sehr überschaubar, aber ja: Tatsächlich sitzen an deutschen Gymnasien und an Universitäten deutlich mehr Kinder aus »bildungsfernen« Familien als noch vor zwanzig Jahren. Das ist ein Fakt. Fakt ist aber auch: Viel zu viele bleiben nach wie vor auf der Strecke. Denn während sich immer mehr Kinder und Jugendliche *an der Spitze* tummeln, verlieren die *ganz unten* zunehmend alles.

Nein, Emre, dafür brauchst du Fachabi!

Vielleicht würden die Kolleg:innen in der gymnasialen Teeküche anders über die ausgesiebten Kinder sprechen, wenn sie einmal eine Stunde lang im hinteren Teil eines Hauptschulklassenzimmers sitzen und bei der Berufsberatung zuschauen könnten.

Besonders deutlich wird die Perspektivlosigkeit bei den Jugendlichen im Hauptschulzweig unserer Schule, wenn zu Beginn des neunten – und damit letzten – Schuljahres die Berufsberatung in den Klassen stattfindet. Zu diesem Zeitpunkt kommen oft viele unterschiedliche Phänomene zusammen: Häufig besteht ein großer Teil der 15- bis 17-jährigen Kids in den Klassen aus Schulverweiger:innen, das heißt, viele kommen einfach nicht zum Unterricht. Die, die noch da sind, teilen sich in zwei Gruppen auf. Da sind die wenigen, die nach der neunten Klasse noch ihren Realschulabschluss machen wollen und sich anstrengen, um die entsprechenden Noten zu bekommen. Und da sind die anderen, die nicht wissen, wo sie nach dem Sommer sein werden, aber sicher wissen: Die Schule, wie sie sie kennen, wird vorbei sein. Die Stimmung bei diesen Jugendlichen ist ein Gemisch aus dauernder Anspannung und völliger Lethargie, manchmal sind sie wütend oder frustriert, häufig sind sie wirklich lustig, wenn auch auf die Art, die mich nach Unterrichtsschluss traurig macht. Einige kommen, um dann im Unterricht zu schlafen. Aber sie kommen, und das beeindruckt mich ehrlich gesagt. Ich meine daran zu erkennen, wie die Schule ihnen trotz allem ein kleines bisschen Struktur gibt.

Die Berufsberater:innen stellen den Neuntklässler:innen dann also die Frage, der sie sonst erfolgreich aus dem Weg gehen: Wo soll es hingehen? Um einer Antwort näher zu kommen, werden in der Regel erst mal Berufsfelder an die Tafel geschrieben, die dann im Laufe der Stunde mit entsprechenden Berufen und den dazugehörigen Kompetenzen angereichert werden sollen. Doch so geordnet, wie die Lehrkräfte und Berater:innen sich das vorstellen, läuft die Stunde in der Regel nicht ab. Schon nach wenigen Minuten rufen die Kids ihre Fragen einfach rein: Brauch ich Abi, wenn ich Arzt sein will? Kann ich mit Hauptschule Berater werden? Wie lange muss man studieren, bis man Geld verdient?

Die ganze Stimmung ist bei diesen Berufsberatungen immer recht lustig, und man weiß auch nie, was die Kids wirklich ernst meinen und wann sie einfach nur »Scheiße labern«, wie sie es nennen. Es ist aber nicht zu leugnen, dass die Schüler:innen viel zu wenig über sich, ihre eigenen Fähigkeiten und die Gesellschaft um sie herum wissen. Von einem ausgefüllten Leben voller Möglichkeiten und Aufgaben, das für ihre Altersgenoss:innen in anderen Milieus selbstverständlich ist, sind sie weit entfernt. Sie pendeln zwischen unrealistischen Ambitionen und Scheiß-Egal-Attitüde und spüren mehr denn je, wie unfrei ihre Zukunft mit den begrenzten Möglichkeiten ist, die ein (schlechter) Hauptschulabschluss erlaubt.

Während die Schüler:innen am Anfang dieser Stunden also noch halb ironisch ihre Fragen in den Raum rufen und dabei die Antworten der Berufsberater:innen meistens gar nicht abwarten, wird die Stimmung im Laufe der Zeit ruhiger. Es kommen ernstere Fragen. Was ist mit Krankenschwester? Nein. Erzieher? Eher nicht. In der Apotheke? Leider nein. Es werden ein paar Zettel an die Tafel gehängt, die mögliche Berufe abbilden, die Auswahl ist klein. Infrage kommen zum Beispiel Jobs als Gleisbauer:in, Fachkraft für Lagerlogistik, Anlagenmechaniker:in oder Dachdecker:in. Die Stellen sind begrenzt, und bevorzugt werden logischerweise die Schüler:innen mit den besseren Noten. In vielen Berufen reicht auch offiziell der Hauptschulabschluss, faktisch werden dann aber doch meistens Realschüler:innen eingestellt. Zum Beispiel in der Friseur- und Kfz-Branche. Jede:r in diesem Raum weiß, dass es hier nicht darum geht, sich persönlich und beruflich bestmöglich zu entfalten. Es geht darum, irgendwie unterzukommen. Und jede:r weiß, dass es nicht alle schaffen werden.

Von hier aus noch nach *oben* zu kommen, ist fast unmöglich. Klar, formal geht das. Alle haben theoretisch die Möglichkeit, den Realschulabschluss dranzuhängen. Wenn die Noten stimmen. Sie könnten sogar danach ihr Abi machen und studieren gehen. Das geht alles in Deutschland, und deswegen bezeichnen auch manche Menschen unser Bildungssystem als »durchlässig« und »chancenreich«. Ich würde unser Bildungssystem in Anbetracht der völligen Ignoranz gegenüber der Realität von Hauptschüler:innen eher als »ehrenlos« bezeichnen.

Hauptsache Abi

Tatsächlich werden aber nicht nur Hauptschüler:innen in ihrer persönlichen Entfaltung eingeschränkt, sondern auch die Kinder auf dem Gymnasium. Zwar auf etwas subtilere und sicher weniger existenzielle Art, aber auch hier ist der allgemeine Blick auf eine sehr spezifische Zukunft gerichtet: Abitur und Studium. Viele Jugendliche passen gar nicht in dieses System, das doch alle Türen für sie öffnen soll. Sie kämpfen sich trotzdem durch, mit dem ständigen Gefühl, nicht gut genug zu sein. So wie Chris.

Chris war einer meiner Schüler auf dem Gymnasium. Die Erkenntnis, die er aus seiner Schulzeit mitgenommen hat: Er genügt nicht. Chris' Eltern sind Akademiker:innen und wünschen sich für ihren Sohn eine Welt voller Möglichkeiten. Möglichkeiten bekommen, das haben sie gelernt, geht in Deutschland so: gute Noten schreiben, einen guten Abschluss machen, gute Chancen bekommen. Deswegen ist Chris auf dem Gymnasium. Zwar waren seine Noten schon in der Grundschule nicht besonders gut, und bis heute schraubt er lieber an seinem Fahrrad herum, als seinen Kopf in die Bücher zu stecken. Aber die Lehrerin in der vierten Klasse gab ihm trotzdem eine Empfehlung fürs Gymnasium, vielleicht wegen seiner Eltern, vielleicht, um ihm nichts zu verbauen. Und seitdem drücken, ziehen und schleusen seine Eltern ihn durch. Ständig gibt es Stress, und kurz stand einmal die Frage im Raum, ob Chris auf eine private Realschule wechseln solle, um bessere Noten zu bekommen. Das wollte er nicht. Er hatte viele Freunde in der Schule, und er schämte sich, auf die Realschule zu gehen. Eine staatliche Haupt- und Realschule wurde als Option erst gar nicht in Betracht gezogen. Er blieb auf dem Gymnasium.

Chris hat Abitur gemacht, Chris hat sogar ein Studium angefangen. Und dann hat Chris zum Glück noch die Kurve bekommen: Er hat hingeschmissen und ist heute endlich da, wo er sein will: in einer Schreinerei. Sein Weg dorthin war geprägt von Selbstzweifeln, Vorwürfen, dem ständigen Gefühl, nicht gut genug zu sein. Ihn einen alle diese Gefühle mit den sogenannten Aufstiegskindern. Er musste für seinen sozialen Abstieg (denn das ist das, als was sein Werdegang gesamtgesellschaftlich gesehen wird) kämpfen. Chris' Geschichte zeigt einmal mehr, dass wir mit unserer

Art, Schule zu machen, den wenigsten gerecht werden. Weder die Hauptschüler:innen, noch die Gymnasiast:innen profitieren von der frühen Trennung und den starren Strukturen, die einzig und allein auf die Erlangung guter Noten ausgelegt sind. Im Gegenteil: Wir pressen unsere Kinder und Jugendlichen in eine vor Jahrzehnten gefertigte Schablone und verschließen die Augen vor der Tatsache, dass wir dadurch Talente, Potenziale und Zukünfte zerstören.

Wir sind das System

Wenn wir also verstehen, dass unser Bildungssystem von einer grundlegend anderen Gesellschaftsordnung ausgeht, dann könnte man meinen, dass es doch einigermaßen leicht anzupassen sei. El-Mafaalani macht uns in diesem Punkt wenig Hoffnung. Er sagt, »diese Logik ist derart stark in der DNA des Staates eingebaut, dass man nicht beliebig von ihr abweichen kann«.

Ich will optimistisch bleiben und mich wagen, Hoffnung auf Veränderung zu haben. Ganz sicher glaube ich, dass es nach Jahrzehnten selbstverständlicher sozialer Trennung und ausgeprägten Schubladendenkens in unsere DNA übergegangen ist, die Gesellschaft in *besser* und *schlechter*, die *da oben* und die *da unten* einzuteilen. Ich bin aber überzeugt davon, dass ein System nur so starr ist wie die Menschen, die darin denken.

Wo sollen wir also anfangen? Man könnte nach diesem Kapitel meinen, die Wurzel allen Übels liege in der Tatsache, dass unser Schulsystem von Selektionsvorgängen durchzogen ist. Das stimmt nur zum Teil. Denn Selektion im Bildungswesen ist erst mal gar nicht verkehrt – sie kann im Sinne der Potenzialentfaltung sogar wünschenswert sein.

Wichtiger erscheint mir deshalb die Frage nach dem richtigen Moment. Nämlich dann, wenn die Jugendlichen sich bereits auf unterschiedlichste Weisen ausprobieren durften und ihre Persönlichkeit einigermaßen gefestigt ist. In Deutschland findet die Selektion mit seiner Grundschulempfehlung also viel zu früh im (Schul-)Leben der Kinder statt. Zu diesem Zeitpunkt können sie noch nicht wissen, wo sie hinwollen und was ihren Fähigkeiten entspricht. Deshalb vertrauen sie blind unserem Urteil darüber, wo sie hingehören. Die Empfehlung prägt also nicht nur ihre Bildungsbiografie, sondern auch ihr Selbstbewusstsein.

Die frühe Trennung führt darüber hinaus dazu, dass die neuen Lehrkräfte die Kinder erst mal von Grund auf neu kennenlernen müssen. Dafür gibt es in einer weiterführenden Schule aber nicht genug Zeit und Raum, sodass die Begleitung der Kinder gar nicht individuell und eng sein kann, egal wie sehr sich die Lehrer:innen engagieren.

Neben dem richtigen Moment muss auch die Art und Weise der Selektion stimmig sein. An deutschen Schulen bleiben Kinder in der Regel sitzen, wenn sich ein bestimmtes Notenbild ergibt. Es kann also passieren, dass ein Kind in einigen Fächern ziemlich gut und in anderen Fächern ziemlich schlecht ist. Dann muss es ein ganzes Schuljahr wiederholen. Es bekommt neue Lehrkräfte, muss sich neue Freund:innen suchen. Ist vielleicht plötzlich das älteste Kind in der Klasse. Von der Abstiegserfahrung ganz zu schweigen. Selektion aufgrund von Förderbedarf in bestimmten Fächern könnte aber auch ganz anders geregelt werden. Mit verschiedenen, differenzierten Kursen zum Beispiel. So wie in Finnland.

Wenn sich Schule, statt auf eine Spitze zulaufend, eher in die Breite orientieren würde, gäbe es nicht so viele Kinder, die von der Spur abkommen und abgehängt werden. In die Breite orientieren, das bedeutet, dass Fächer auf unterschiedlichen Niveaustufen nebeneinander und am gleichen Ort unterrichtet werden. Dass es genug Personal gibt, um auf unterschiedliche Bedürfnisse einzugehen. Und dass es genug Chancen gibt, Potenziale zu entfalten. Davon würden auch die besonders leistungsstarken Kinder profitieren, weil sie in kleineren Gruppen gezielter gefördert werden können. Wenn Kinder und Jugendliche so unterstützt werden, haben sie die Chance, ihre eigenen Fähigkeiten richtig einzuschätzen und zu verstehen, dass sie von den Angeboten der Schule profitieren können. Dass es weniger *besser* und *schlechter* gibt, sondern vielmehr ein *unterschiedlich*.

Wenn wir wollen, dass in unserer Gesellschaft alle einen Platz haben, dann müssen wir ein Zusammenkommen zulassen und nicht nur der Spitze die Möglichkeit der persönlichen Entfaltung geben. Um das zu gewährleisten, müssen wir erst mal zusammenbleiben, statt Kinder schon nach vier Jahren Schule von ihren ersten wirklichen Freund:innen zu trennen oder sie abzusägen, wenn sie mal nicht in der Spur laufen. Statt Selektionswut braucht unser Bildungssystem den Mut, Unterschiedlichkeiten auszuhalten und sie nicht auszusieben. Es braucht den Mut, die starren und veralteten Schablonen zu brechen und sich breit aufzustellen. Nur so gelingt Chancengerechtigkeit: Wenn wir Platz für Potenziale lassen, die bislang im Hauptschulzweig unbeachtet bleiben und verkommen. Wir brauchen Platz im Klassenzimmer, um kleinere Lerngruppen zu haben. Platz im Lehrplan, um individuelle Neigungen und Fähigkeiten besser ausbauen zu können. Und Platz in unseren Köpfen und Herzen, um Vorurteile zu überwinden und voneinander zu profitieren.

KAPITEL 6 – AUGEN AUF BEI DER BERUFSWAHL – CHANCEN IN DER BEWERBUNGSMAPPE

Ich erinnere mich noch genau daran, wie ich mich gefühlt habe, als ich mit 15 vor dem Krankenhaus stand. In einer ordentlichen Jeans, die ich extra für das Vorstellungsgespräch bekommen hatte. Sie fühlte sich wie ein Fremdkörper an, weil ich zu dünn für sie war. Die abgrundtiefe Unsicherheit einer Teenagerin schien sich in diesen zehn Warteminuten bis zur physischen Übelkeit zu verdichten. Am liebsten hätte ich mich übergeben. Ich war völlig unvorbereitet und in dem Glauben hergekommen, genug vom Beruf der Krankenschwester zu wissen. Schließlich bestand meine halbe Familie aus Pflegekräften. Meine Mutter war Krankenschwester gewesen, meine Schwester hatte gerade ihre Ausbildung beendet. Mein Onkel war Krankenpfleger, seine Frau eine Kollegin. An Familiengeburtstagen wurde am Kaffeetisch lauthals über Sepsis, Bettpfanne und Schichtdienst geredet. Nie hatte ich in Erwägung gezogen, dass dieser Job nicht zu mir passen könnte. Und das, obwohl in keiner der Erzählungen die Aufopferung, die Rückenschmerzen und die beschissenen Arbeitsbedingungen ausgespart wurden. Meine Familie erzählte vom Personalnotstand in den Kliniken, von der schlechten Bezahlung, von der Überforderung – und bei mir kam an: Das ist *unser* Ding. Das können wir. Kein Wunder also, dass mir ein halbes Jahr vor meinem Bewerbungsmarathon bei der einzigen Berufsberatung meiner Schullaufbahn empfohlen wurde: was mit Menschen.

Was mit Menschen

Das Berufsinformationszentrum, das wir in der achten Klasse einen Vormittag lang besuchten, war mir direkt sympathisch. Erstens lag es neben einer McDonald's-Filiale, in der meine Freundin und ich uns gleich morgens einen Milchshake gönnten. Zweitens gab es dort unzählige Nischen und Hintertüren, in die wir uns zum Rauchen verziehen konnten. Ich kam dennoch nicht darum herum, irgendwann auf einem Drehhocker neben meiner Freundin zu sitzen, die die Rechercheaufgaben für uns beide an einem in die Jahre gekommenen Computer erledigte. Eine Aufgabe musste ich selbst bearbeiten: einen Fragebogen ausfüllen, der mir am Ende Auskunft über meine Stärken und Schwächen geben sollte. Was kann ich, was kann ich nicht? Es fiel mir zwar leichter zu sagen, was ich nicht konnte. Doch an diesem Tag im Berufsinformationszentrum lernte ich vor allem, dass ich mich überhaupt nicht kannte. Ich hatte keine Ahnung, was meine Neigungen, Fähigkeiten oder Besonderheiten waren. Man konnte nicht anklicken, dass man gerne Mascara und Feuerzeuge im Drogeriemarkt klaute, mit seinen Freundinnen knutschte und Wodka-O trank. Ich setzte also mein Kreuz bei allem, was in irgendeiner Form sozial, fürsorglich, menschlich klang. Die Dinge eben, die meine Familie unbewusst als »für uns vorgesehen« transportierte und die das Einzige waren, das mir wie eine Identität vorkam. Es war also keine Überraschung, dass der Computer an diesem Tag im Berufsinformationszentrum *Krankenschwester, Arzthelferin* und *Erzieherin* als die Top Drei an denkbaren

Jobs für mich ausspuckte. Meine Familie schien daran zu glauben, der Computer glaubte daran, also glaubte ich es auch.

Die eigene Familie spielt bei der Frage, wie wir uns beruflich orientieren, eine enorm große Rolle. Dabei müssen die Vorstellungen und Erwartungen der Eltern noch nicht einmal bewusst oder aktiv ausgesprochen werden. Meine Mutter hat mir nie das Gefühl gegeben, dass ich Krankenschwester werden *sollte*, geschweige denn *müsste*. Im Gegenteil. Sie hat sich aus meinen Zukunftsplänen komplett herausgehalten. Trotzdem war meine Familie ein Vorbild, das meine damalige Berufswahl enorm beeinflusste. Das lag vor allem daran, dass sie das einzige Vorbild für mich war. Ich hatte zu wenig andere Realitäten in meinem Leben, an denen ich mich hätte orientieren können. Es gab Bilder, die mich abschreckten, klar. Aber Zugang zu Menschen, die zum Beispiel akademischen oder künstlerischen Berufen nachgingen, hatte ich nicht. Ich weiß heute, dass ich als Krankenschwester nicht glücklich geworden wäre. Trotzdem, eine Familie voll von Pflegekräften zu haben, war sicher kein schlechtes Los. Denn es gibt Kinder, die in ganz anderen Realitäten aufwachsen, ganz andere Vorbilder haben. Und darum geht es mir hier: Herkunft bestimmt in unserem Bildungssystem maßgeblich über das eigene Spektrum an Berufsmöglichkeiten.

Rana

Eine, die sich tagtäglich mit wenig privilegierten Jugendlichen und ihren Möglichkeiten beschäftigt, ist Rana. Sie ist Berufslotsin an unserer Schule. Jeden Tag kommen die Kids in Scharen zu ihr und ihrer Kollegin, um Bewerbungen zu schreiben, Fragen zu stellen und ja, manchmal auch, um ein bisschen zu quatschen, statt in Mathe zu sitzen. Bei Rana geht es 45 Minuten lang nur um die Bedürfnisse der Schüler:innen. Um ihre Interessen und Wünsche, aber auch um ihre begrenzten Möglichkeiten und ihre unklaren Aussichten. Ich will von Rana wissen, wie sie arbeitet, warum ihr Angebot so gut angenommen wird und was sie über die Kids denkt, die auf dem deutschen Arbeitsmarkt oft schwer zu vermitteln sind.

An einem Dienstagmorgen schlängle ich mich durch die unüberhörbare Gruppe an Achtklässler:innen vor Ranas Büro, die darauf warten, reingelassen und beraten zu werden. »Frau Graf, nicht so frech!«, ruft mir Ahmad zu, und ich mache eine beschwichtigende Handbewegung. »Ich bin sofort wieder weg, ich will mir nur einen Termin machen!« – »Ohaaa!«, ruft die Gruppe jetzt. »Haben Sie keinen Bock mehr auf uns?«

In dem Moment öffnet sich die Tür, und eine Gruppe Mädels kommt aus Ranas Büro. Sie übersehen mich und fangen direkt an, auf Ahmad und seine Freunde loszugehen und ihnen auf den Oberarm zu boxen, um sich danach von ihnen einfangen und durch die Haare strubbeln zu lassen. Ich nutze meine Chance und husche durch die Tür in Ranas Büro. Sie schaut mich an und lacht: »Ah, was gibt's? Hier ist heute Hochbetrieb.« Das sagt Rana jedes Mal, wenn ich aus irgendeinem Grund meinen Kopf in ihr Büro stecke. Heute aber habe ich ein konkretes Anliegen. Sie öffnet ihren Terminkalender am Computer. Ich sehe nur rote Kacheln. Von morgens bis nachmittags kommen die Schüler:innen im 45-Minuten-Takt zu ihr. Rana trägt mich in dem einzigen freien Feld ein: Freitagmittag in einer Woche.

Anderthalb Wochen später sitze ich ihr in ihrem Büro gegenüber. Wir sind im gleichen Alter und gehören damit zu den jüngsten Mitarbeiter:innen an der Schule. Rana hat lange, dunkle Haare und große, geschminkte Augen, die freundlich strahlen. Man merkt ihr an, wie gerne sie ihren Job macht. Die Schüler:innen sagen über Rana »Sie sind eine von uns« und meinen damit, dass Rana einen türkischen Migrationshintergrund hat. Dass ihre Mutter ein Kopftuch trägt und sie zu Hause eine Mischung aus Türkisch und Deutsch spricht. Rana kennt die Unsicherheit der Schüler:innen, wenn es um die Welt da draußen geht. Ihr Nachname klingt italienisch. »Das war immer mein Glück, wenn ich mich irgendwo beworben habe!«, erzählt sie, als sei es eine Selbstverständlichkeit. »Aber als ich dann hier hergekommen bin, hat mein Chef gesagt, dass mein Migrationshintergrund ein riesiger Pluspunkt ist.« Er hatte recht. Hier im sozialen Brennpunkt rennen die Schüler:innen Rana die Türen ein, schütten ihr ihr Herz aus und fühlen sich verstanden. Rana – eine von ihnen.

Rana hat Sozialwissenschaften studiert, ihre Schwester schließt gerade ihr Medizinstudium ab, ihr Bruder ist Lehrer. Alle drei Geschwister sind sozial »aufgestiegen«. Sie ist ein Vorbild für die Kids, die mit ihr Bewerbungen schreiben und über ihre Stärken und Schwächen sprechen. Aber Rana weiß: »Viele von ihnen haben es echt schwer. Sie glauben nicht an sich. Sie sind es gewöhnt, dass die Dinge nicht so funktionieren, wie sie es möchten. Deswegen geht die Motivation meistens nicht über kurze Momente der Euphorie hinweg.« Rana erzählt mir von Jugendlichen, die keine Ahnung haben, was sie eigentlich können, was sie wollen und was sie dafür tun müssen. Von völlig unrealistischen Zielen auf der einen und bodenloser Unsicherheit auf der anderen Seite. »Die Familie spielt da eine wichtige Rolle«, sagt Rana. »Die Kids glauben das, was ihre Eltern sehen und von ihnen halten. Und wenn die Eltern schon die Erfahrung gemacht haben, dass es unmöglich ist, gute Arbeit zu finden, dann übernehmen die Kinder diese Haltung. Und wenn der Vater und der Großvater bei der BASF[10] arbeiten, dann gibt es nur die BASF und sonst nichts.« Sie erzählt mir auch, dass viele Schüler:innen aus dem Hauptschulzweig in Familien leben, in denen es schlicht niemanden interessiert, was aus ihnen wird. Die Kids haben keine Vorbilder und keine Ambitionen. »Niemand erwartet etwas von ihnen. Die sind vollkommen orientierungslos und wissen nicht, was sie eigentlich wollen. Das versuchen wir dann zusammen herauszufinden.«

Rana und ihre Kollegin müsste es an unserer Schule eigentlich zehn Mal geben, denn sie sind den Schüler:innen eine riesige Unterstützung. Das Problem: Sie kommen nicht hinterher, können die Schüler:innen nur kurzfristig begleiten und haben Schwierigkeiten, engen Kontakt zu halten. »Es sind einfach zu viele«, sagt Rana. Sie erzählt mir, dass es einen riesigen Unterschied macht, ob sie die Kids nur sporadisch sieht – oder täglich, so wie die Neuntklässler:innen, die ihr Klassenzimmer auf Ranas Stockwerk haben, direkt neben ihrem Büro. Zwischen den Stunden kommen sie vorbei, quatschen kurz. »Man bleibt einfach viel mehr am Ball und lernt die Jugendlichen besser kennen. Dadurch kann man sie dann auch gezielter und erfolgreicher unterstützen.« Die Schüler:innen im Stockwerk über ihr erreicht sie hingegen schon nicht mehr so gut. Sie kommen nur zu ihren Terminen, und dann muss alles in 45 Minuten passen. »Das klappt dann weniger gut«, sagt Rana.

Im Gespräch mit Rana bestätigt sich, was ich vermutet habe: Zu viele Jugendliche müssen ohne oder mit zu wenig Unterstützung bei ihrem Start in die Arbeitswelt auskommen. Ich denke an das,

---

10 Die BASF in Ludwigshafen ist der größte Chemiekonzern weltweit und mit über 100.000 Mitarbeiter:innen einer der wichtigsten Arbeitgeber in meiner Region.

was Leja, meine finnische Schülerin vom Gymnasium, mir erzählt hat. In Finnland gab es ab der siebten Klasse ein eigenes Schulfach: »Berufsorientierung«. Ich erzähle Rana davon, und sie strahlt mich an. »Das wäre echt ein Traum!«, sagt sie, und wir müssen beide lachen. Tatsächlich gibt es auch in Deutschland vereinzelt Schulen, die Berufsorientierung in ihren festen Fächerkanon aufgenommen haben. Dass das nicht flächendeckend der Fall ist, liegt einmal mehr am Lehrkräftemangel: Eine Schule kann so einen Mehraufwand nur leisten, wenn es ausreichend Personal gibt.

In unser Lachen kommt Ahmad zur Tür herein. Er stellt seinen Rucksack auf den freien Stuhl neben mir und guckt mich fragend an. »Frau Graf, ich hab kein' Plan, wo ich Praktikum machen soll?!« Ich schnappe mir meinen Schlüssel, winke Rana zu und stehe auf, um zu gehen. »Rana kann dir helfen!«, sage ich und lasse die beiden allein.

Praktikum

Das Praktikum der Acht- und Neuntklässler:innen ist ein großes Ding an unserer Schule. Das wurde mir klar, als ich das erste Mal miterlebte, wie die Hauptschüler:innen der neunten Klasse aus ihrem zweiwöchigen Praktikum zurückkamen. Wir nutzten die erste Schulstunde, um ein bisschen zu erzählen.

»Was hast du denn da gemacht?«, fragte ich Pelin und zeigte auf eine frische Brandnarbe auf ihrer Schulter. Ein circa zehn Zentimeter langer Strich, der sich über ihr Schlüsselbein erstreckte. Die Wunde sah übel aus, aber Pelin schien sie geradezu zur Schau zu stellen. »Backblech im Netto. Hammer, oder?!« Sie nickte mir mit ihrem Kinn voran zu und zog die Augenbraue hoch.

Pelin hatte es nicht gut erwischt. Die anderen hingegen waren weniger gebrandmarkt als vielmehr euphorisch. Ich glaube sogar, an diesem Montag im September gab es einige, die eine Zukunft für sich sahen. Denn während Pelin wusste, dass sie auf keinen Fall im Netto arbeiten wollte, war sich Tuana schon sicher, wo sie und Pelin sich bewerben sollten: in der Zahnarztpraxis, in der sie ihr Praktikum gemacht hatte. Sie erzählte, wie nett alle waren, dass arbeiten anstrengend sei, aber »vallah, einfach geiler als Schule«, und dass die beim Zahnarzt gesagt hätten, sie und ihre bessere Hälfte Pelin sollten sich bewerben. »Die wollen uns!«

Tuana ist eine von den Schülerinnen, die während des Unterrichts ihr Make-up auspacken, um »bisschen aufzufrischen«. Eine Schülerin, die zu diskutieren anfängt, wenn man sie darum bittet, ihre Schminke wegzupacken, die ständig zu spät kommt und statt einer Schultasche eine Clutch mitbringt. Plötzlich erzählte sie mir glaubhaft von »richtig süßen Patienten«, ihrem »übelst korrekten Chef« und wie viel »Bock« es gemacht hatte, richtig zu arbeiten. »Statt den ganzen Tag hier rumzusitzen und einzupennen.« Mit ihrer Euphorie steckte sie mich an, und zusammen schwelgten wir in Praktikumserinnerungen und Zukunftsplänen. Aber nicht nur Tuana war Feuer und Flamme nach ihrem Praktikum. Auch viele der anderen schienen aufgeweckt worden zu sein. Mert erzählte davon, wie korrekt seine Kollegen in der Werkstatt gewesen seien. Niklas, dass die beim Friseur gesagt hätten, sie suchten jemanden wie ihn.

Ich hörte damals zu und stellte fest, dass ich die Schüler:innen selten so ernsthaft und begeistert von etwas erzählen gehört hatte. Alle schienen Pläne zu schmieden. Diesen Blick nach vorn, in die eigene Zukunft, habe ich da zum ersten Mal gesehen. In dieser ersten Schulstunde nach dem Praktikum waren fast alle davon überzeugt: Da draußen gibt es einen Platz für uns.

Ein paar Monate später dann, dazwischen ein zähes Gemisch aus Lockdown und Ferien, stand ich wieder vor der Klasse. Der Frühling war längst da, und trotzdem war die Stimmung wie immer: müde, ein bisschen aggro, trist. Weil ich befürchtete, dass aufgrund der Pandemie die Schulen bald wieder schließen würden und es deshalb jederzeit wieder vorbei mit dem Präsenzunterricht sein konnte, wollte ich ein bisschen gute Laune verbreiten und fragte nach: »Wie sieht's eigentlich aus? Wisst ihr jetzt, wo es hingeht nach dem Schuljahr?« Ich bekam die Antwort, die ich am meisten befürchtet hatte: Schulterzucken.

Ein leeres Stimmengemisch aus »Keine Ahnung«, »BVJ«[11], »Arbeitsamt« und Lachen füllte den Raum. Das wollte ich nicht so ganz glauben, also fing ich an, sie einzeln anzusprechen: »Niklas, was ist denn mit dir, wo geht's hin?« – »Keine Ahnung.« Von Friseur keine Rede. »Pelin?« – »Ich weiß nicht, BVJ denk ich.« – »Tuana?« – »Ey keine Ahnung, ich weiß nicht.« Niemand, wirklich niemand aus der Klasse, hatte einen Plan. Ich schaute in die gleichen, leeren Gesichter wie vor dem Praktikum, und es war, als hätte ich von dieser einen Schulstunde nur geträumt.

Wo waren die Begeisterung, der Mut und die konkreten Pläne geblieben? Diese Überzeugung, die ich damals in ihren Gesichtern gesehen habe? Sie hatten doch das Angebot der Schule genutzt. Tuana zum Beispiel: Sie hatte mit Rana Bewerbungen geschrieben, hatte ihre Beratung in Anspruch genommen. Ich hatte sie mehr-

---

11 BVJ: Das BVJ (Berufsvorbereitungsjahr) ist ein einjähriger schulischer Bildungsgang an berufsbildenden Schulen. Es wurde für Schüler:innen eingerichtet, die nach der Beendigung oder dem Abbruch der Schule weder einen Ausbildungsplatz finden noch weiterführende Schulen besuchen, aber noch der Schulpflicht unterliegen.

mals dafür von meinem Unterricht freigestellt. Sie hatte mir ihren Lebenslauf und ihr Anschreiben gezeigt. Und am Ende hatte das alles nichts ergeben?

Stattdessen ging sie schließlich nach den Sommerferien ins BVJ. Zusammen mit Pelin, Niklas und ein paar anderen. Einige, die nicht mehr schulpflichtig waren, entließen ich und meine Kolleg:innen nach den Sommerferien ins Nichts. Wie viele Ranas hätte es gebraucht, um die Euphorie der Schüler:innen aufrechtzuerhalten? Um sie bis zum Ende zielführend zu begleiten und ihr Potenzial, das sich so kurz und so deutlich gezeigt hatte, zu nutzen? Wie naiv war ich gewesen, zu glauben, das Praktikum – dieses eine positive Erlebnis – könnte Glaubenssätze, die sich über Jahre manifestiert hatten, einfach über Bord werfen? Wie naiv war ich zu glauben, 45, 90 oder 135 Minuten mit Rana könnten dafür sorgen, dass die Kids sich selbst kennenlernen, auf entsprechende Jobsuche gehen und sich dann auch noch ordentlich bewerben?

Dieses Mindestmaß an Hilfsangebot als ausreichend zu bezeichnen, ist im Grunde ein einziger Hohn. Es lässt Lehrkräfte und Schüler:innen glauben, man bräuchte nicht mehr, um nach der Schule seinen Platz zu finden, einen Arbeitsplatz, einen Platz in der Gesellschaft, an dem man sich wohlfühlt. Das Hilfsangebot, das es bisher gibt, lässt Lehrkräfte, Schüler:innen und Berufslots:innen frustriert zurück, weil es viel zu selten fruchtet. Stattdessen nimmt das Gefühl der Ohnmacht überhand: Es scheint egal zu sein, ob sich die Jugendlichen bemühen oder nicht, ob sie die Angebote, die da sind, nutzen oder nicht. Am Ende stehen sie ja doch ohne Zukunftsperspektive da.

Einer hat es trotzdem geschafft: Mert, der sein Praktikum in der Autowerkstatt gemacht hatte. Er antwortete mir ein paar Wochen später auf meine Frage, wo es für ihn hingehen würde: »Benz. Ich hab 'ne Ausbildung.« – »Was? Wirklich? Wie toll ist das denn?«, jubelte ich. Mert zuckte nur mit den Schultern: »War klar, ich hab abgeräumt.«

Fehl am Platz

Mert hat geschafft, woran ich vor über 15 Jahren nach dem Tag im Berufsinformationszentrum gescheitert bin: Er hat einen Ausbildungsplatz gefunden. Ich hatte mich in sämtlichen Krankenhäusern und Arztpraxen unserer Kleinstadt beworben und fast ausschließlich Absagen bekommen, obwohl meine Noten nicht einmal schlecht waren. Die Bewerbungsschreiben habe ich nicht aufgehoben, aber ich kann mir vorstellen, dass sie nicht besonders überzeugend waren. Wahrscheinlich hätte ich mich auch nicht eingeladen. Meine einzige Motivation war schließlich: raus aus der Schule und Geld verdienen.

Ich stand also vor dem einzigen Krankenhaus, das mich zu einem Vorstellungsgespräch eingeladen hatte. Schon damals wusste ich, dass ich das allein der Tatsache verdankte, dass schon meine Mutter und meine Schwester hier ihre Ausbildungen gemacht hatten. Als die anderen Bewerberinnen und ich endlich reindurften, fühlte ich mich noch jünger, als ich es mit meinen 15 Jahren ohnehin war. Alle anderen waren älter als ich, hatten schon ein Jahrespraktikum gemacht oder Fachabi. Ich hatte keine Ahnung, wie man eine Kanüle wechselte, und kreuzte beim Einstellungstest auf gut Glück Namen von Politiker:innen an. Auf die Frage, warum ich Krankenpflegerin werden wolle, antwortete ich, dass ich Erfahrungen mit schlimmen Krankheiten hätte, weil mein Vater Krebs hatte. Ich bekam den Ausbildungsplatz nicht – was letztlich besser für alle Beteiligten war.

Man kann mir vorwerfen, dass ich mich nicht ausreichend vorbereitet hatte, dass ich eine Jeans trug. Dass in meiner Bewerbung Rechtschreibfehler waren und ich keine Allgemeinbildung hatte. Ich glaube aber, der Hauptgrund, warum ich damals, in der neunten Klasse, keine Ausbildung fand, war ein anderer. Ich kannte mich nicht.

Wohin mit dir?

Alles, was ich über den Einstieg ins Berufsleben wusste, war, dass ich in Bewerbungsschreiben und Vorstellungsgesprächen lügen musste, um einigermaßen brauchbar zu wirken. Natürlich, das gehört auf gewisse Weise zur Jobsuche dazu. Hier ein bisschen mogeln, da ein bisschen kaschieren. Der Unterschied war aber, dass ich mich nicht nur ein bisschen ins rechte Licht rücken musste, sondern dass ich schlicht und ergreifend nicht wusste, wo ich eigentlich stand, woher ich kam und wohin ich wollte. Genau das, was Rana mir später von den Jugendlichen in ihren Sprechstunden erzählte, erlebte ich auch. Nur, dass ich ein großes Privileg hatte: Ich wusste, dass ich mit meinen Noten theoretisch auch Abitur machen könnte.

Es lag mir mit 15 nichts ferner, als nach der zehnten Klasse noch drei Jahre Schule dranzuhängen. Trotzdem war meine Ausgangslage eine viel bessere als die meiner heutigen Schüler:innen. Zum einen hatte ich keinen Migrationshintergrund, der mich zur Zielscheibe von Diskriminierung gemacht hätte. Zum anderen war der Realschulabschluss damals auf dem Arbeitsmarkt noch mehr wert. Dennoch: Nach der Absage vom Krankenhaus machte sich auch in mir eine Angst breit, die uns auf der Realschule von Anfang eingetrichtert worden war: Was, wenn ich keine Ausbildungsstelle finden würde?

»Irgendwo wirst du schon unterkommen«, sagte meine Mutter aufmunternd, und trotzdem sah ich ihr an, dass auch sie sich angesichts der eintrudelnden Absagen Sorgen machte. Was ich zu diesem Zeitpunkt nicht wusste, war: Es gab jemanden, der daran glaubte, dass ich noch mehr erreichen konnte als »irgendwo unterzukommen«. Jemanden, der einen Plan hatte und wusste, welche Möglichkeiten infrage kamen. Ausgerechnet der Mensch, der mir seit ein paar Jahren mit seiner Beamtenordnung und seinen klugen Sprüchen eigentlich nur auf die Nerven ging: mein Stiefvater.

Meine Mutter hatte ihn fünf Jahre nach dem Tod meines Vaters kennengelernt und bald darauf geheiratet. Und auch, wenn wir früher meistens nicht auf einer Welle schwammen: Ich bin ihm bis heute dankbar, dass er mir diesen Weg aufgezeigt hat und so lange drangeblieben ist, bis er Erfolg hatte. Als sei es das Selbstverständlichste der Welt, kam er nach dem Absagenmarathon auf mich zu und fragte mich, wieso ich eigentlich kein Abitur machen wollte. »Mach das doch! Wärst doch dumm, wenn du die Chance nicht nutzt.« Ich hatte damals nicht den blassesten Schimmer, was seine Worte eigentlich bedeuteten und dass er mir hier auf dem Silbertablett eine Zukunft servierte. »Was du danach machst, kannste dann immer noch sehen. Dir stehen dann alle Türen offen!«

Ich rümpfte die Nase und sagte ihm zum hundertsten Mal, wie wenig Bock ich auf Schule hätte. In Wirklichkeit hatte ich Schiss. Ich wusste, dass ich mit meinen riesigen Defiziten in Mathe niemals auf dem Gymnasium bestehen würde, und ich hatte Angst, dort als »asi« zu gelten, weil ich im Jugendtreff abhing und keine Hobbys hatte. Fast alle vom Gymnasium, die ich zu dem Zeitpunkt kannte, waren in meinen Augen Möchtegern-Hippies, die zelten gingen oder Gitarre spielten – und denen ich mich unterlegen fühlte, auch wenn ich sie gleichzeitig ziemlich peinlich fand. Ich tarnte meine Unsicherheit unter dem Deckmantel der Ablehnung und wehrte mich vehement gegen seinen Vorschlag.

Mein Glück war, dass er nicht lockerließ. Das Ende der zehnten Klasse rückte näher, es war kein Ausbildungsplatz in Sicht, und ich freundete mich mit dem Gedanken an, einfach irgendwo zu jobben. Da kam mein Stiefvater mit der Broschüre für eine Berufsschule um die Ecke. Dort könnte ich parallel zu einer Ausbildung zur Erzieherin Abitur machen und es wäre sicher etwas leichter als das klassische Gymnasium. Wieder ließ ich ihn abblitzen. Er war ein geduldiger Typ, was mich damals auf die Palme brachte, und er ließ nicht locker. Immer und immer wieder sagte er mir, dass ich es mir überlegen sollte, dass ich nichts zu verlieren hätte.

Er hatte Erfolg. Seine Worte trafen schlussendlich auf fruchtbaren Boden, und ich ließ mich dazu überreden, es zu versuchen. Am Ende machte ich mein Abitur auf einer Gesamtschule. Das war ein wichtiger Schritt. Denn alle Berufe, die ich mit einem Realschulabschluss hätte erlernen können, wären für mich persönlich ein Kompromiss gewesen. Ein weiterer Schritt von mir weg. Ich brauchte die Zeit und die Möglichkeiten eines Abiturs, um mich selbst besser kennenzulernen, um Freund:innen mit anderen Hintergründen zu finden und um ein größeres Möglichkeitenspektrum zu haben. Mein Stiefvater hatte recht gehabt: Es öffneten sich dadurch sehr viele Türen. Auch wenn ich nach dem Abitur nicht weniger orientierungslos war, hatte ich jetzt doch die Möglichkeiten, Dinge auszuprobieren. Mir ganz persönlich hat er den Arsch gerettet. Denn so funktioniert unser Bildungssystem. Umso höher du kletterst, desto mehr Chancen und Möglichkeiten hast du.

Ich habe Glück gehabt – mein Stiefvater war da. Mein Weg wäre deutlich weiter unten auf der Bildungspyramide zu Ende gewesen, obwohl ich heute im oberen Segment keine Schwierigkeiten zu bestehen habe und mich in meinem Job sehr wohlfühle. Unser Bildungssystem müsste sich nicht auf das Glück des Einzelnen verlassen, damit die Schüler:innen an ihr persönliches Ziel kommen. Stattdessen könnte es so aufgebaut werden, dass die Kinder und Jugendlichen von Anfang an entsprechend ihrer Potenziale und Fähigkeiten gefördert würden.

Remember Chris?

In unserem pyramidenförmigen Bildungssystem mit kleiner Spitze bleiben zu viele Kinder und Jugendliche auf der Strecke. Schule muss in der Breite fördern, sich also auf gleichwertige Neigungen, Interessen und Talente fokussieren und diese ausbauen. Das würde nicht nur den Kindern aus »bildungsfernen« Familien guttun.

Ich denke dabei wieder an Menschen wie Chris: Der Gymnasiast, der sich immer unzulänglich gefühlt und am Ende eine Ausbildung zum Schreiner gemacht hat. Nachdem er sein Abitur mit Ach und Krach geschafft und ein Studium abgebrochen hatte. Auch er hat lange nicht gelernt, was er will, kann oder braucht, weil die Erwartungen seiner Familie völlig an ihm vorbeigingen. Wäre er in einem offeneren System mit Zugang zu unterschiedlichen Realitäten herangewachsen, hätte er viel früher gemerkt, wo seine Begabungen liegen, und hätte sich Frust und Selbstzweifel erspart. Doch auch er wurde in eine Schablone gedrückt und nicht gesehen.

So, wie Schule bisher funktioniert, leben viel zu viele Menschen an ihren Fähigkeiten und Potenzialen vorbei. Ihr einziges Ziel ist,

»unterzukommen«. Je weiter unten Menschen in der Bildungspyramide stehen, desto eingeschränkter ist der Blick auf die Welt um sie herum. Das kann Schule ändern, indem sie sich mit der Welt um sie herum verzahnt. Das wichtigste Stichwort ist hier *Zugang*. Berufsperspektiven müssen in der Schule zugänglich gemacht werden. Das könnte so aussehen: Die Berufswahl hat in Form von Orientierungsstunden einen festen Platz im Stundenplan, die verschiedenen Möglichkeiten werden von geschultem Personal an die Schüler:innen herangetragen. Dieses Personal besteht einerseits aus den Berufslots:innen der Schulen. Andererseits aber auch aus festen Mitarbeiter:innen von Unternehmen, die damit die Chance haben, in der Schule eine Art Headhunting für ihre Ausbildungsberufe zu betreiben. Klar, dieser Begriff hat einen Beigeschmack. Aber diese Verzahnung von Unternehmen und Schulen ist nichts Neues. Dass Unternehmen sich in Schulen vorstellen, um zukünftige Azubis anzuwerben, ist gang und gäbe. Nur mit dem Unterschied, dass diese Veranstaltungen in der Regel auf vereinzelte, wenige Tage gelegt werden und die Kinder am Ende dieser Tage völlig reizüberflutet vor Entscheidungen stehen, die dann doch wieder versanden, weil es keine ausreichende Anschlussbetreuung gibt. Wenn diese Stunden aber im Lehrplan als normale Unterrichtsstunde fest verankert wären, wäre die Gefahr des Versandens nahezu ausgeschlossen. Die Schüler:innen hätten stattdessen konkrete Ansprechpartner:innen für konkrete Berufsfelder, die sie unkompliziert wiedersehen können. So könnte die Berufswahl im besten Fall auf gut abgewogenen Entscheidungen basieren, weil die Schüler:innen ein breites Angebot an Jobs kennengelernt, verglichen und vor allem: verstanden haben. Die Berufslots:innen könnten die effiziente Nachbetreuung übernehmen und Ideen und Entscheidungen, die die Jugendlichen mitbringen, weiter betreuen und ausbauen.

Wer nicht weiß, auf welche Art er oder sie sich sinnvoll in die Welt einbringen kann, hat auch nicht die Chance, sich entsprechend zu entwickeln. Unsere Berufswahl ist eng verknüpft mit unserer Identität und, das habe ich im vierten Kapitel gezeigt: Unsere Identität entsteht maßgeblich durch Möglichkeiten, Dinge kennenzulernen, auszuprobieren, zu scheitern, neu anzufangen. Wir können von unseren Jugendlichen nicht erwarten, dass sie nach jahrelangem Durch-die-Schule-Stolpern in den letzten zwei bis drei Schuljahren plötzlich mit der notwendigen Weitsicht an die Berufswahl herangehen. Die Berufsberatungen an Schulen funktionieren nur nachhaltig, wenn die Jugendlichen schon viel mitbringen. Etwa einen konkreten Berufswunsch, gute Noten oder klare Talente.

Die Realität ist aber eine andere: Gerade Schüler:innen auf Schulen in sozioökonomisch benachteiligter Lage haben in der Regel keine konkreten Ziele, keine guten Noten und kennen ihre Talente nicht. Sie brauchen unsere Unterstützung von Anfang an. Deswegen müssen wir ihnen kontinuierlich Vorbilder und Ansprechpartner:innen zur Seite stellen, statt sie immer und immer wieder nach ihren Stärken und Schwächen zu fragen und zu glauben, sie könnten darauf eine Antwort geben.

KAPITEL 7 – CORONA – CHANCEN IN DER KRISE

Ich schreibe dieses Buch während einer Pandemie. Mittlerweile bin ich, wie so viele andere auch, müde davon. Überdrüssig. In den vergangenen zwei Jahren habe ich alle möglichen Gefühlslagen durchlebt: Ich war optimistisch und entschlossen, streng und ängstlich, müde und erschöpft, skeptisch und panisch, traurig und wütend, genervt und fatalistisch. Nichts davon hat sich richtig oder falsch angefühlt. Jedes Gefühl ist nach einer Weile einem anderen gewichen. Diese ambivalenten Gefühle begleiten mich seit Beginn der Pandemie. Ganz besonders stark spüre ich sie in meiner Tätigkeit als Lehrerin. Denn in der Schule bedeutet Corona: Chaos. Und weil das nicht einfach nur ein bisschen nervig ist, sondern weil das Corona-Chaos die Strukturen unseres ohnehin schon ungerechten Schulsystems zementiert hat, ist es mir trotz allem Überdruss wichtig, über Corona und die Situation an unseren Schulen zu schreiben.

Seit dem ersten Lockdown im März 2020 habe ich mich oft zwischen meiner Arbeit als Lehrerin und meinem Zuhause zerrissen gefühlt. Vor allem als die Schulen nach der sechswöchigen Schließung im März 2020 erstmalig wieder öffneten, aber noch kein Impfstoff verfügbar war. In meinem privaten Umfeld waren alle um mich herum im Homeoffice, alle versuchten konsequent, eine Ansteckung zu umgehen. Ich fand mich derweil im normalen oder

Wechselunterricht wieder, stand täglich mit etlichen unterschiedlichen Personen in verschiedenen Klassenzimmern und begegnete viel zu vielen Nasen, um mich trotz des Abstands sicher zu fühlen. Auch das Lehrer:innenzimmer war belebt, und so war ich jeden Tag mit etwa hundert unterschiedlichen Menschen in Innenräumen zusammen, von den vielen flüchtigen Begegnungen auf den Schulfluren ganz zu schweigen. Wenn jemand in meiner Familie Covid anschleppen würde, dann höchstwahrscheinlich ich. Das war ein Scheißgefühl, und ein Teil von mir wünschte sich deswegen eine Schulschließung zurück.

Dann dachte ich wieder an die blassen, müden Gesichter, die nach dem Lockdown vor mir saßen und denen man das wochenlange Rumhängen ansah. Nicht alle Kinder haben Eltern, die sie täglich an die frische Luft bringen, ihnen Obstteller machen und auf ihren Medienkonsum achten. Bei vielen meiner Schüler:innen verlief der Lockdown ohne die geringste Struktur. Es fehlten ihnen Ansprache, Anregung, Bewegung und ausreichend frische Luft.

Ich dachte an die Telefonate mit den Eltern dieser Kinder zurück. Im Hintergrund hörte ich kleine Geschwister und Babys spielen und schreien, und ich wusste, dass sich all diese Geräusche auf 50 Quadratmeter drängten. Die Eltern, oft in prekären Beschäftigungsverhältnissen und fast immer in der kritischen Infrastruktur tätig, waren ratlos. Ihnen fehlte es an finanziellen, strukturellen und psychischen Kapazitäten, um das aufzufangen, was die Pandemie und das Homeschooling mit sich brachten.

Ich dachte auch an den Schüler, den ich kurz vor der Schulschließung in die Hände der Schulsozialarbeiter:innen übergeben hatte, weil er ständig geschwänzt hatte und seine Leistungen krass abgefallen waren. Im Lockdown schien er endgültig verloren zu gehen, denn auch die Sozialarbeiter:innen hatten mit einem Mal keinen persönlichen Kontakt mehr zu ihm. Nicht nur einmal weckte ihn seine Mutter mit mir am Telefon und redete erfolglos auf ihn ein. Ich fühlte mich am anderen Ende der Leitung nahezu ohnmächtig. Schulschließung, das hieß für viele unserer Schüler:innen: abtauchen, verschwinden. Ich fürchtete also eine Schulschließung ebenso wie den laufenden Schulbetrieb. Jetzt könnte man sagen, dass es in der Natur der Sache liegt, bei so etwas Großem und Unerwartetem wie einer globalen Pandemie nicht gut vorbereitet zu sein. Da stimme ich voll zu. Es ist ein beruhigender Gedanke, dass unsere Welt sich nicht ständig für den Endzeitmodus bereithält und es dementsprechend seine Zeit gedauert hat, bis eine entsprechende Infrastruktur stand. Dass die Schulen und deren Probleme aber plötzlich ins Zentrum der Aufmerksamkeit rückten, lag nicht an der fehlenden Vorbereitung auf eine globale Krise. Vielmehr hat die Krise das ewige Provisorium zum Einstürzen gebracht. Das Traurige ist: Hätte Schule sich zeitgemäß entwickelt und hätte in den vergangenen Jahrzehnten gerechte Bildungspolitik in ausreichendem Maß stattgefunden, dann wäre diese globale Krise in den Schulen ganz anders zu handhaben gewesen. Stattdessen haben sich etliche Herausforderungen aufgetan, weil seit Jahrzehnten dringend nötige Erneuerungen und Umstrukturierungen verschlafen wurden. Die Schulen sind an diesen Herausforderungen in der Pandemie zum großen Teil gescheitert. Egal ob Homeschooling, Hygienekonzept, Notbetreuung, Testpflicht oder Quarantäneregeln: Schulen haben mit jedem der Pandemieschlagworte gerungen. Was unter den Stichworten Digitalisierung, Ausstattung und Betreuungsschlüssel immer schon belächelt oder bemängelt wurde, entfaltete sich plötzlich zum echten Problem. Die Pandemie hat kein gutes Licht auf Deutschlands Schulen geworfen. Aber immerhin hat sie endlich für alle sichtbar gemacht: Es muss etwas passieren.

Homeschooling ist nicht gleich Homeschooling

Es gibt Schulen, in denen das Homeschooling gut funktioniert hat. Weil sie zum Beispiel eine Schüler:innenschaft haben, die an den eigenen Laptops in den eigenen Kinderzimmern saß und von ihren Eltern rechtzeitig vor dem Onlineunterricht geweckt wurde. Meistens sind das Privatschulen oder Gymnasien in sozioökonomisch starken Einzugsgebieten mit engagierter Elternschaft. Ich weiß, dass es einige wenige Schulen gibt, die Luftfilter installiert haben, weil sie finanzielle Mittel dafür bekommen haben. Leider weiß ich aber auch, dass die meisten meiner Kolleg:innen in allen Teilen der Republik von anderen Erfahrungen berichten. Sie decken sich mit meinen Erfahrungen und Empfindungen während der Pandemie. Trotzdem sind die Abläufe und Strukturen natürlich nicht an allen Schulen genau gleich. Ich erzähle also aus meiner Perspektive, berichte von meiner Schule, von meinen Schüler:innen. Mein Ausschnitt aus dem Schul-Pandemie-Geschehen hat nicht den Anspruch, ein vollständiges Bild abzugeben. Und doch deutet er auf strukturelle Probleme unseres Bildungssystems hin.

Weil mir gerade nach dem ersten Lockdown 2020 die Frage »Wie macht ihr das eigentlich an deiner Schule?« sehr oft gestellt wurde, möchte ich einen Morgen an einem stinknormalen Arbeitstag an einer Brennpunktschule während der Pandemie beschreiben. Mit all den kleinen Herausforderungen, die bei mir lediglich dafür sorgen, dass ich genervt, geschlaucht und gestresst bin. Diesen kleinen Herausforderungen, die aber für meine Schüler:innen bedeuten, dass sie Stück für Stück weiter abgehängt werden. Denn am Ende sind es sie, die chaotisch oder nicht ausreichend beschult worden sind, denen zu viel Lernstoff durch die Lappen gegangen ist, die vielleicht häuslicher Gewalt ausgesetzt waren oder die einsam und depressiv geworden sind, weil ihnen vertraute Ansprechpartner:innen fehlten. Und all diese kleinen Herausforderungen sind umso frustrierender, weil sie vermeidbar (gewesen) wären.

Zwischen Mülltüten, Papierstau und dem zweiten Strich

Es ist ein Dienstag im Januar 2022. Fast zwei Jahre beschäftigt uns die Corona-Pandemie nun schon. Omikron kursiert, in der Schule gelten Maskenpflicht und Abstandsregeln, die nicht eingehalten werden können, weil die Klassenräume voll sind. Alle zwanzig Minuten ertönt über die Lautsprecherboxen ein Signal, das ans Lüften erinnern soll. In meiner Klasse gibt es zwei aktive Coronafälle, weshalb sich die Jugendlichen gerade, anstatt drei Mal die Woche, fünf Mal die Woche im Klassenzimmer unter meiner Aufsicht selbsttesten.

Mein Tag beginnt mit dem wohl einzig positiven Nebeneffekt der Pandemie: Seit einiger Zeit fängt der Schultag an meiner Schule erst um 8:30 Uhr an, um das Schüler:innenaufkommen in den Bussen und Straßenbahnen etwas zu entzerren. Ich komme also an diesem Dienstag mit einer Stunde Vorlauf und dem Plan, noch ein paar Kleinigkeiten vor Unterrichtsbeginn erledigen zu können, um 7:30 Uhr in die Schule. Als Erstes gehe ich in den Kopierraum, in dem kistenweise Coronatests aufeinandergestapelt stehen. Ich suche die 60-Liter-Mülltüten, die ich benötige, um 30 Testkits einzupacken, ins Klassenzimmer zu transportieren und danach den möglicherweise kontaminierten Müll sicher zu entsorgen. Die Mülltüten finde ich nach längerer Suche nicht und beschließe, einfach abzuwarten und erst einmal ein Arbeitsblatt für meine Sechstklässler:innen zu kopieren. Zwei der drei Kopierer sind gerade außer Betrieb. Der eine ist schon lange kaputt, bei dem anderen scheint etwas verkeilt zu sein, und niemand kann ihm helfen. An dem dritten und einzigen funktionstüchtigen Kopierer steht mein Kollege und kopiert verschiedene Praktikumsunterlagen für seine Achtklässler:innen. Hinter ihm bildet sich eine Schlange. Das kann dauern.

Ich gehe vorerst zurück an meinen Platz im Lehrer:innenzimmer, um etwas anderes zu erledigen. Ein Stapel einzelner Kopien von Elternbriefen muss in die Schülerakten eingeheftet werden. Ich hieve einen der drei Ordner, in denen die Akten meiner Klasse eingeheftet sind, aus dem Regal. Dabei fällt mir eine komplette Akte entgegen, weil die Löcher gerissen sind. Ich sortiere gut ein Dutzend einzelne Zettel nach Datum wieder ein und entscheide mit Blick auf die Uhr, das Abheften der Elternbriefe später zu erledigen. Stattdessen gehe ich zurück in den Kopierraum, um mein Arbeitsblatt zu kopieren. Da ist mittlerweile auch am dritten Kopierer Papierstau, und die fünfköpfige Lehrer:innenschlange wartet gut gelaunt auf Sven, einen jungen Kollegen, der aus einem unerfindlichen Grund dafür zuständig ist, wenn »was mit Computern« zu tun ist. Zwar kann ich nicht kopieren, freue mich aber zu sehen, dass mittlerweile die Müllsäcke für die Coronatests aufgetaucht sind, und packe 30 Testkits ein.

Sven hat den Papierstau behoben, und ich stelle mich in die Schlange. Zehn Minuten habe ich noch, vielleicht reicht's. Ich habe Glück. Die Kollegin vor mir versucht eine PDF-Datei über das WLAN auszudrucken und scheitert daran, weil das WLAN nicht funktioniert. Sie ist also schnell fertig, und ich kann mein Arbeitsblatt kopieren. »Bei mir geht's ganz schnell!«, rufe ich den anderen zu und überlege kurz, ob ich mir den letzten Schritt mit der Folie verkneife und die Ergebnisse einfach an der Tafel sammle. Ich wage es trotzdem und tatsächlich: Die Folie bleibt im Kopierer stecken. Sven ist noch nicht weit, er hilft mir, und drei Minuten vor dem Klingeln schmeiße ich die Arbeitsblätter in meine Mappe, werfe mir die Mülltüte über die Schulter und gehe noch schnell aufs Klo, bevor ich zwei Minuten nach dem Klingeln vor dem Klassensaal ankomme. Drei Dinge konnte ich also in dieser einen Stunde Vorlauf abarbeiten: Coronatests in einen Müllsack packen, ein Arbeitsblatt kopieren und aufs Klo gehen. Vor dem Klassenzimmer stehen meine Neuntklässler:innen und warten darauf, dass ich aufschließe. »Morgen! Guten Morgen! Maske! Hallo, Tim! Maske! Morgen! Hey – machst du mal bitte die Maske hoch? Danke! Morgen, Melek: Maske über die Nase! Morgen!« Schon jetzt habe ich so viele Nasen und sich verdrehende Augen gesehen, dass ich mir Mühe geben muss, nicht auch genervt zu sein, aber meine Klasse meint es gut mit mir und legt direkt los mit der Pandemie-Choreografie, die sie in den letzten Monaten zwangsläufig perfektioniert hat: Fenster auf, Hände waschen, Tüte abnehmen, Tests austeilen, testen, »hatschi, hatschi«, »Vallah, geh weg Digga!«, Tische desinfizieren, »Frau Graf, wo sind die Tücher?«, »Oh, schon wieder leer? Geh mal rüber und frag, ob die welche haben«, Tücher aufgetrieben, Tische abwischen, Müll einsammeln. Fünfzehn Minuten sind vergangen, bis alle mit dem Testen fertig sind und wir mit dem Deutschunterricht anfangen können. Ich bin dankbar, dass ich heute die unkomplizierte, neunte Klasse habe. Das Prozedere kann in einer jüngeren oder pädagogisch anspruchsvolleren Klasse auch mal die ganze Stunde einnehmen.

»So, dann fangen wir mal an. Melek, Maske, danke. Okay, also! Melek! Deine Maske! Komm, drück mal den Draht fest!«

»Vallah, ich krieg keine Luft unter dem Ding!« Melek tut mir leid, aber ich tu mir auch leid, also motze ich sie an:

»Melek, alle tragen eine Maske, so schwer ist das nicht, oder?!« Das Signal zum Lüften ertönt, und jemand steht auf, um das Fenster zu öffnen.

»Okay, holt mal eure Deutschbücher raus!«, rufe ich, und die Hälfte der Klasse steht auf, um ans Ende des Klassenzimmers zu gehen und die Deutschbücher aus ihren Fächern zu holen. »Wieso macht ihr das jetzt erst?« meckere ich.

»Wir mussten doch testen, da darf ja nichts auf dem Tisch liegen!«, antwortet Melek, und sie hat recht.

»Stimmt, sorry. Maske!«, rufe ich ihr hinterher.

Als alle wieder sitzen, geht's los.

»Enes, beschreib mal, was du auf dem Bild siehst.«

»Ouuuu shit! Ich hab 'n zweiten Strich!«, höre ich Valerie kreischen. Ich hindere eine Handvoll Schüler:innen gerade noch so daran, aufzuspringen, um sich selbst von dem positiven Test zu überzeugen, lege Valerie einen zweiten Test hin und versuche, nicht zu viel Wind darum zu machen, solange das Ergebnis nicht sicher ist.

»Weiter, Enes!«

»Frau Graf, muss ich auch in Quarantäne, wenn die positiv ist?«, fragt mich Ali, der zwei Plätze neben Valerie sitzt.

»Ich weiß nicht, muss noch mal nachgucken, ich glaube, das hat sich geändert!«, antworte ich, und versuche noch mal anzusetzen. Jemand steht auf, um die Fenster zu schließen.

»Enes, jetzt noch mal: Was siehst du auf dem Bild?«

»Also ich sehe da...«

»Vallah, da kommt schon wieder ein zweiter Strich!« Valerie hält den zweiten Test hoch, und damit ist klar: »Okay, du musst gehen.« Ich rufe von meinem Handy im Sekretariat an und kündige an, dass wir einen positiven Fall haben. Die Klasse ist unruhig. Meleks Maske ist unten. Ich ignoriere es. Das Lüftungssignal ertönt. Die

Sekretärin sagt, sie wisse noch nicht, wer alles in die Quarantäne muss, die Bestimmungen haben sich heute geändert. Sie will sich gleich noch mal melden. Valerie packt ihre Sachen und winkt dem Rest der Klasse pathetisch zu: »Passt auf euch auf, bleibt gesund! Ich sterbe vielleicht, aber egal, Leben geht weiter ...«

»Okay, okay«, ich unterbreche sie und schiebe sie imaginär aus der Tür, nicht ohne ihr einen ebenso pathetischen Luftkuss zuzuwerfen und »Alles wird gut!« zu sagen. Während ich noch versuche, die Klasse zu beruhigen, klingelt es. Die Stunde ist um, aber das ist nicht schlimm: Wir haben eine Doppelstunde. Da klingelt mein Handy, die Sekretärin ruft zurück: »Alle Neben- und Kreuzsitzer:innen im Umkreis von zwei Metern müssen JETZT gehen und sich testen lassen. Wenn sie negativ sind, können sie wiederkommen.«

Die betroffenen Schüler:innen packen ihre Sachen und gehen, Melek ist eine von ihnen. Sie zieht noch beim Rausgehen ihre Maske runter und atmet tief ein. »Endlich Luft!«, höre ich sie stöhnen, und ich rufe ihr hinterher: »Melek, Maske!«, bevor der Letzte die Tür schließt. Der Rest der Stunde plätschert dahin, und im Laufe des Vormittags trudeln die negativ getesteten Schüler:innen nach und nach wieder ein. Niemand muss in die Quarantäne.

Ich bin froh über diese neue Regelung, die den Kids die Möglichkeit gibt, sich zurück in die Schule zu testen. Das sah wenige Wochen zuvor noch anders aus. Da wurde in einem Fall wie Valerie je nach Sitzplatz gut ein Drittel der Klasse in die 10-tägige häusliche Isolation geschickt, ohne selbst infiziert zu sein. Es gab Schüler:innen, die aus einer knapp zweiwöchigen Quarantäne zurück in die Schule kamen und wenige Tage später wieder für zehn Tage zu Hause hocken mussten, weil es in ihrem Dunstkreis im Klassenzimmer erneut einen Positivfall gab.

Nach der chaotischen Doppelstunde in meiner eigenen Klasse gehe ich den Flur hinunter zur sechsten Klasse, die ich in einem anderen Fach unterrichte. Hier steht meine Kollegin gerade mit einem Zollstock in der Hand und misst die Abstände zwischen zwei Tischen. Auch sie hatte einen positiven Fall in der Stunde zuvor. Als sie fertig ist, packen vier Kinder ihre Sachen in ihre Taschen und verlassen das Klassenzimmer. Zwei mit hängenden Köpfen, zwei jubelnd. Quarantäne ist nicht gleich Quarantäne. Bevor ich mit dem eigentlichen Unterricht beginnen kann, wollen ein paar organisatorische Dinge erledigt werden. Viktor steht an meinem Tisch, um sich abzumelden. Sein Test war negativ, aber er fühlt sich krank und ist auch sichtlich angeschlagen.

»Ich bin kaputt, Frau Graf, richtig am Arsch!«, sagt er, stützt sich auf die Tischkante und schüttelt mit dem Kopf. Ich wühle mich durch die Zettel in meiner Mappe, um ihm den benötigten Entlasszettel zu schreiben, als er sich plötzlich kerzengerade hinstellt. Ich schaue ihn verwirrt an, er beugt sich zurück, die Augen zugekniffen, reißt sich die Maske von der Nase, und sein Oberkörper schnellt zusammen mit einem riesigen Nieser nach vorne. Dann rappelt er sich wieder auf und schiebt sich die Maske zurück über die Nase. Ich schaue ihn ungläubig an: »Wieso niest du ohne Maske auf meinen Tisch?«, frage ich ihn. Er schaut ebenso ungläubig zurück. »Voll eklig, in die Maske zu niesen!«, antwortet er und legt seine Stirn in Falten. Ich drücke ihm den Entlasszettel in die Hand und wünsche gute Besserung. Danach desinfiziere ich meinen Tisch mit der Sprühflasche, die glücklicherweise aufgefüllt ist, und beginne endlich den Unterricht. Die Stunde verläuft ansonsten gut. Der Overheadprojektor wirft meine Folie makellos an die Wand, der Folienstift funktioniert, das Fenster öffnet und schließt. Was will man mehr?

Später erfahre ich, dass die vier Kreuzsitzer:innen des positiven Falls in der sechsten Klasse ebenfalls alle negativ getestet wurden und zurück in die Schule kommen konnten. Eine gute Nachricht.

Quarantäne

Damit ich hier nicht falsch verstanden werde: Selbstverständlich ist es notwendig, gegenseitige Ansteckungen möglichst zu verhindern und entsprechend großzügig zu isolieren. Mir geht es nicht um die Quarantäneregelung an sich. Mir geht es darum, dass die Schulen aufgrund ihrer veralteten Ausstattung weder Schüler:innen noch Lehrer:innen die Möglichkeiten bieten konnten, sich vor einer Ansteckung oder vor einer Quarantäne in einem angemessenen Rahmen zu schützen. Fehlende Luftfilter, eine unzureichende digitale Ausstattung, zu kleine Klassenzimmer und kaputte Fenster sind nicht nur an meiner Schule ein Problem. Die psychosozialen Folgen einer wiederholten häuslichen Isolation von Teenager:innen wirken sich vielleicht nicht gleichermaßen unmittelbar auf uns als Gesellschaft aus, wie beispielsweise der Ausfall von Arbeitnehmer:innen aufgrund von Quarantäneregelungen. Auf die psychische und körperliche Verfassung der Jugendlichen selbst können Isolation und das Homeschooling aber schwerwiegende Folgen haben. Das zeigen auch die Ergebnisse der COPSY-Studie[12]. Bei dieser Untersuchung befragten die Forscher:innen während der ersten drei Coronawellen Familien in Deutschland zu ihrer psychischen Gesundheit. Die Ergebnisse sind eindeutig: Depressive Gefühle,

---

12 http://www.copsy-studie.de/

Ängste und Aggressionen haben bei Kindern und Jugendlichen während der Schulschließungen deutlich zugenommen. Vor allem bei solchen mit sozial-ökonomisch benachteiligter Herkunft.

Langfristig ist kaum abzusehen, welche Konsequenzen es auf uns alle hat, dass unsere Jugend nun schon zwei Jahre lang in einem Ausnahmezustand lebt, der für manche mehrfache solcher Isolationsphasen mit sich gebracht hat. Denn die Kinder und Jugendlichen sind nicht nur während der Schulschließungen isoliert gewesen, sondern viele von ihnen wurden auch, als die Schulen wieder geöffnet waren, in Quarantäne geschickt. Die Schulöffnung hat die Kids also einerseits aus der Isolation herausgeholt, andererseits aber wieder hineingezwungen. Das ist tragisch. Besonders tragisch ist, dass eben diese Isolationen vermeidbar gewesen wären, wenn die altbekannten Schwachpunkte der Schulen früher angegangen worden wären.

Gebäude

Einer der Schwachpunkte des Schulsystems, die seit Jahren, wenn nicht Jahrzehnten bekannt sind, sind die Schulgebäude selbst. Davon gibt es in Deutschland sehr unterschiedliche Exemplare. Wie eine staatliche Schule aussieht, hat erst mal nichts damit zu tun, ob es ein Gymnasium oder eine Hauptschule ist. Viel wichtiger ist der Stadtteil, in dem die Schule sich befindet. In dem gut situierten Stadtteil, in dem ich mein Referendariat gemacht habe, findet man unterschiedliche Schulen aus rotem Backstein, mit ausladendem Treppenhaus und buntem Terrazzoboden. Jeden Morgen hat mir dieser Anblick Freude gemacht. Die Haupt- und Realschule, an der ich jetzt unterrichte, ist genau wie das angrenzende Gymnasium ein klassischer 70er-Jahre Betonklotz und passt damit gut in die Gegend, in der sie steht. Ebenso pragmatisch wie hässlich, um nicht zu sagen: trist.

Nun gut, sagen wir, es ist ziemlich egal, wie ein Gebäude von außen aussieht. Wichtig ist, was drinsteckt. Leider liegt hier das eigentliche Problem: Denn in Sachen innere Werte bieten die meisten Schulen nicht viel, egal wie hübsch oder hässlich sie sind. Das fängt bei leeren Seifenspendern und Handtuchrollern an, geht über zu kleine Klassenräume für zu große Klassen und hört bei kaputten Tafeln und Fenstern auf.

Anders als in anderen offiziellen Einrichtungen, sind Lehrer:innen und Schüler:innen der meisten Schulen es gewohnt, dass Dinge erst mal nicht repariert oder aufgefüllt werden. Getreu dem Motto »Nichts hält besser als ein Provisorium« belässt man Schulen auf dem Niveau, auf dem sie schon immer irgendwie funktioniert haben. Es hat aber starke Auswirkungen aufs Lernklima, wenn eine Tür erst nach mehrmaligem Ruckeln an der Türklinke schließt. Wenn eine Tafel nicht an Ort und Stelle bleibt, sondern immer wieder herunterrutscht, wenn sich ein Fenster nicht öffnen oder richtig schließen lässt. Wenn auf solche vermeintlichen Kleinigkeiten dann auch noch eine globale Krise in Form einer Pandemie kommt, bricht das Chaos endgültig aus. Dann zeigen einem die Quarantänevorschriften plötzlich deutlich, wie klein der Raum wirklich ist. Dann sorgen die Lüftungsvorgaben für Probleme, und die kaputte Türklinke nervt nicht nur, sondern wird zur potenziellen Keimschleuder, vor allem, wenn gleichzeitig der Seifenspender leer ist. Eine echte Keimschleuder ist auch der ständig feuchte Tafelschwamm, der mich direkt zur nächsten Schwachstelle deutscher Schulen bringt.

Digitaligääääähn

Die Empörung über die nicht anlaufende Digitalisierung der Schulen ist inzwischen fast so alt und miefig wie der Overheadprojektor, die Schulbücher und der Tafelschwamm selbst. Trotzdem scheint sich – außer vereinzelten Tablet-Klassen an wenigen Gymnasien – nichts zu bewegen. Die Symptome dieses Versäumnisses tragen unsere Kinder in Form von Mappen und Bücherstapeln tagtäglich auf dem Rücken in die Schule. Am Ende des Schuljahres müssen sie dann noch die Flecken auf den Schulbüchern bezahlen, die dabei entstanden sind. Obwohl es schon lange bekannt und Teil der öffentlichen Debatte ist, gab es erst eine Welle der Empörung, als sich dieses riesige Defizit in der Corona-Pandemie in seiner ganzen Rückständigkeit gezeigt hat. Was nun in der Außenwahrnehmung endlich angekommen ist: Eine flächendeckende Vernetzung und eine umfangreiche digitale Ausstattung sind die Voraussetzung für einen gerechten Zugang zu Bildung.

Wir haben das im Homeschooling besonders zu spüren bekommen. Während meine Kolleg:innen vom Privatgymnasium Stunden vor dem PC verbrachten und mit ihren Schüler:innen tatsächlich so etwas wie Unterricht abhielten, sah das an vielen anderen Schulen ganz anders aus. Natürlich auch bei uns an der Brennpunktschule. Dass es wenigstens den Anschein von Unterricht gab, verdanken wir vor allem jenen Schüler:innen, die über ihre Smartphones gebeugt Arbeitsblätter abgeschrieben haben. Die über dieses Smartphone in ihrem Kinderzimmer dem Onlineunterricht gefolgt sind, während ihre kleinen Geschwister auf dem Hochbett getobt haben.

Längst nicht alle Schüler:innen haben das diszipliniert durchgezogen, und ich kann sie verstehen. Auch hier gilt: Nicht diejenigen, die es hinbekommen haben, sind die Norm. Diejenigen, die im Anbetracht des fehlenden Schlafrhythmus, des schlechten WLANs und der schreienden Geschwister das Handtuch geworfen haben – diejenigen Kinder und Jugendlichen müssen der Maßstab sein. Wenn alle eine Chance auf Teilhabe an Bildung haben sollen, dann müssen auch in einer Pandemie die Kinder mit den schwierigsten Startbedingungen Beachtung finden.

Aber was hätte eine zeitgemäße Digitalisierung an Schulen den Kindern zu Hause gebracht? Impliziert der digitale Fortschritt, dass die häusliche Lernumgebung eine bessere wird? Ja, das tut er. Denn digitaler Fortschritt bedeutet zum einen, dass jedes Kind eine entsprechende Ausstattung zur Verfügung gestellt bekommt und jede Lehrkraft imstande ist, guten, digitalen Unterricht umzusetzen. Dafür braucht es nicht nur digitale Endgeräte für alle Schüler:innen und Lehrkräfte, sondern auch Schulungen, um sie effizient im Unterricht einsetzen zu können. Es braucht ein stabiles WLAN, um digitale Schulbücher interaktiv nutzen zu können. Es braucht eine einheitliche Kommunikationsplattform für alle schulrelevanten Termine, um die Verwaltung und Organisation des Schullebens zu erleichtern. Zum anderen bedeutet digitaler Fortschritt aber auch – und das ist in diesem Kontext fast noch wichtiger –, dass Kinder sehr früh lernen, sich selbst zu organisieren und den Überblick über ihre Termine zu behalten. Wer einem Kind in der dritten Klasse einen Terminkalender auf den Tisch legt und erwartet, dass es in diesem alle Termine und Aufgaben der Schule koordiniert, erwartet Unmögliches. Anders wäre das, wenn es eine übersichtliche, digitale Plattform gäbe, auf der sich Schüler:innen, Lehrer:innen und Eltern miteinander vernetzen können und auf der alle Termine, Daten, Vermerke übersichtlich dargestellt und nur einen Klick entfernt sind. So könnten die Kinder lernen, den Überblick über ihr eigenes Schulleben zu behalten und Schritt für Schritt in die Selbstorganisation hineinwachsen.

Lernen lernen mit WILMA

Die Digitalisierung wurde in Deutschland viel zu lange verschlafen, und dieses Versäumnis wurde den Kindern und Jugendlichen in der Pandemie zum Verhängnis. Dass es besser geht, zeigt abermals der Blick nach Finnland. Eltern in Deutschland, die auf dem Blog »SUOMALAINEN PÄIVÄKIRJA« die Texte über Karen Fey und ihre Zeit im Homeschooling lesen, können über die Erfahrungen der dreifachen Mutter nur staunen. Vor fast zwanzig Jahren ist sie nach Finnland ausgewandert und schreibt, neben vielen anderen Finnland-Themen, eben auch über die Zeit, in der hierzulande gefühlt nichts lief, bis auf Tränen der Wut bei sämtlichen Familienmitgliedern. Bei Karen Fey sah das anders aus. Sie berichtet: »Schule läuft. Fast so, als ob Schule wäre.«[13] Sie schreibt von Kindern, die wie selbstverständlich in ihren Zimmern verschwinden und in verschiedenen Apps ihre Arbeitsaufgaben erledigen, mit ihren Lehrer:innen telefonieren und im Klassenverband via Videochat übers Ipad Diskussionen abhalten.

> *»Ich bin sehr dankbar für diese strukturierten Tage, dank denen ich kein Kind immer wieder dazu anhalten muss, jetzt vielleicht dann doch endlich mal mit seinen Aufgaben anzufan-*

---

13 URL: myyratohtori.wordpress.com/2020/03/25/coronaklausur-tag-8, zuletzt aufgerufen am 25.06.2022

gen oder sie in einer vernünftigen Zeit durchzuziehen. Dankbar dafür, dass niemand von uns Eltern erwartet, den eigentlichen Unterricht abzuhalten, sondern nur, dass wir unterstützend und motivierend zur Seite stehen. Und besonders dankbar bin ich dafür, dass in finnischen Schulen Lernen lernen von Anfang an das allerwichtigste Lernziel ist. Ich glaube, gerade das hilft jetzt ungemein.«[14]

Dafür, dass die Kinder in Finnland das Lernen lernen, sind also bezeichnenderweise nicht in allererster Linie die Eltern zuständig. In Finnland kümmert sich WILMA um sämtliche Schulangelegenheiten. Sie ist Dreh- und Angelpunkt für die Kommunikation zwischen Eltern, Schüler:innen und Schule.

Auch meine ehemalige Schülerin Leja hat mir von WILMA erzählt und davon, wie »strange« sie es findet, dass es das in Deutschland nicht gibt. WILMA ist aus der finnischen Schule schlicht nicht wegzudenken. Schließlich ist die Plattform nicht einfach nur ein Messenger, sondern vielmehr digitales Klassenbuch, »Muttiheft«, wie Karen schreibt, Terminkalender und Nachrichtendienst in einem. Ob Fehltage, Bescheinigungen, Mitteilungen, Persönliches oder Offizielles: WILMA wickelt alles ab. Alle Personen, die in irgendeiner Art und Weise mit der Schule verbunden sind, haben Zugriff auf WILMA und können in ihren relevanten Bereichen agieren. Damit entsteht ein eng gespanntes, unkompliziertes und ständig aktuelles Netz, das die Schüler:innen und ihre Familien einbettet und schulische Selbstorganisation nicht zum Hexenwerk

---

14 URL: myyratohtori.wordpress.com/2020/03/25/coronaklausur-tag-8, zuletzt aufgerufen am 25.06.2022

werden lässt. Während mir meine Schüler:innen in Deutschland abends um zehn panisch Nachrichten schreiben und sich erkundigen, wann wir noch mal genau die Klassenarbeit schreiben, können die Schüler:innen in Finnland einfach bei WILMA nachschauen. Während bei mir die handgeschriebenen Entschuldigungszettel aus dem Klassenbuch durchs Lehrer:innenzimmer segeln, können die Eltern in Finnland ganz einfach über WILMA ihr Kind krank und entschuldigt melden. Während Eltern in Deutschland bei der Zeugnisausgabe schockiert über die unentschuldigten Fehltage ihrer Kinder sind, können sie in Finnland über WILMA den Überblick darüber behalten, wie oft ihr Kind schon gefehlt hat. Während sich Eltern in Deutschland im Homeschooling allein und überfordert gefühlt haben, konnten Eltern in Finnland über WILMA mit Lehrkräften, Sozialarbeiter:innen und Schulpsycholog:innen Kontakt halten und so frühzeitig eingegriffen werden, wenn sich Probleme abzeichneten. Unkompliziert, wie es sein sollte. Abends um zehn panisch Nachrichten schreiben können mir die Schüler:innen übrigens erst seit einiger Zeit. Denn im Laufe der Pandemie wurde an unserer Schule ein Direct-Messenger-Dienst installiert, der zumindest die Möglichkeit eines niedrigschwelligen und datenschutzkonformen Chat-Austauschs zwischen Lehrer:innen und Schüler:innen bietet. Was WILMA wohl darüber denken würde?

»Gas geben!«

Die digitale Weiterentwicklung der deutschen Schulen schreitet im Zeitlupentempo voran. Obwohl man davon ausgehen könnte, dass eine Institution, die Kinder und Jugendliche beim Heranwachsen begleitet, zwangsläufig am Puls der Zeit bleibt, öffnet sich die

Schere zwischen der digitalen Lebensrealität außerhalb der Schule und dem analogen Leben innerhalb der Schule stetig weiter.

Das Pandemie-Chaos an deutschen Schulen hat schmerzhaft deutlich gemacht, was längst überfällig ist. Die gesamte Ausstattung muss endlich auf den neuesten Stand gebracht werden, um eine halbwegs gemeinsame Ausgangssituation für den Bildungsweg aller Kinder zu ermöglichen. Alle Kinder des Landes sollen »Gas geben!« Zwei Wörter, die sicher jede Lehrkraft schon einmal mit motivierendem Kopfnicken zu ihren Schüler:innen gesagt hat. Aber unsere Kinder und Jugendlichen können auf ihrem Bildungsweg eben nur Gas geben, wenn das Bildungssystem die entsprechende Infrastruktur stellt. Wenn die Bildungspolitik Gas gibt. Das Schöne an dem Punkt »Ausstattung« ist, dass er so ein dankbarer Ansatzpunkt ist, um endlich gerechte Strukturen zu schaffen. Denn hier gibt es klare Aufträge: Geld in die Hand nehmen, umbauen, einbauen, ausbauen.

KAPITEL 8 – LEHRER:INNEN – CHANCEN IM GEJAMMER

In Deutschland ist das »Jammern« unter Lehrer:innen nicht nur ein Vorurteil, das gerne bemüht wird, sondern tatsächlich gelebte Realität. Gejammert und geschimpft wird so ziemlich über alles: über Eltern, Arbeitszeiten, Entlohnung, Ausstattung, die Schüler:innen. Wenn es eine Zuschreibung nicht in die Außenwahrnehmung von Lehrkräften schafft, dann wohl *Souveränität*. Stattdessen haftet ihnen der Ruf an, beleidigt, kindisch, rechthaberisch zu sein und entsprechend viel Tamtam zu machen. Ich kann diese Wahrnehmung nur bestätigen. Lehrer:innen nörgeln und jammern wirklich viel und katapultieren sich dadurch unwillkürlich auf die gleiche Ebene wie ihre Schüler:innen. Sie verhalten sich kindisch oder besser gesagt: kindlich.

Was aber in der Außenwahrnehmung nicht gesehen wird: Die Lehrer:innen haben allen Grund dazu. Denn, ähnlich wie bei Kindern, werden das Jammern, das Nörgeln und die Quengelei immer lauter und penetranter, wenn sie keine Aufmerksamkeit bekommen. Den armen Lehrer:innen ständig zurückzumelden, wie viel sie jammern, und davon auszugehen, dass sie doch gar keinen Grund dazu hätten, bringt also ungefähr genauso viel, wie das nörgelnde Kind nachzuäffen oder ihm zu sagen, es solle sich nicht so anstellen. Es beendet weder das Gejammer, noch löst es die zugrunde liegenden Probleme.

Was also tun, um das Störgeräusch des Dauerjammerns abzuschalten und den Lehrer:innen zu mehr Zufriedenheit in ihrem Beruf zu verhelfen? Pädagogisch unklug, aber wirksam, ist bei Kindern der Lolli, den man mit großen Augen und verlockendem Gesäusel aus dem Ärmel schüttelt und dem dreijährigen Quälgeist vor die Nase hält. Hat er den Lolli erst mal im Mund, ist er eine Weile mit Zuckerschlecken beschäftigt, und das Problem ist kurzfristig gelöst. Im Kosmos Schule lassen sich Lehrkräfte vorübergehend mit dem Verbeamtungslolli besänftigen. Nicht ohne Grund hat auch das Land Berlin jüngst beschlossen, seine Lehrkräfte wieder zu verbeamten. Der Personalmangel an den Schulen war dort zu dramatisch geworden, seit die Verbeamtung 2004 abgeschafft worden war. Es wird offensichtlich weithin akzeptiert, dass für viele Pädagog:innen in Deutschland die Verbeamtung der Hauptgrund ist, um mit jungen Menschen zusammenarbeiten zu wollen. Das Rund-um-sorglos-Paket als Lockmittel.

Weil aber – trotz privater Krankenversicherung, Unkündbarkeit und der Aussicht auf eine üppige Pension – irgendetwas weiter drückt und nervt, wie ein Stein im Schuh, hört das Jammern einfach nicht auf. Egal wie lang die Ferien waren.

Eine solche Lehrerin, die öfter mal tief durchatmet und deprimiert ausschnauft, sobald sie das Klassenzimmer verlässt, die danach ihren Kolleg:innen kopfschüttelnd von ihren Schüler:innen berichtet und sich gleich im Anschluss über die Konferenz in ihrem Terminkalender aufregt, bin übrigens ich. Ich bin auch eine von denen, die dann im Vorbeigehen die Achtklässler:innen anpampen und zu Hause am Küchentisch schmollen, weil schon wieder Sonntag ist. Ich bin die, die sich nach Finnland träumt. Und die, die daran scheitert, den resignierten Schüler in ihrer Klasse aufzubauen, der es so nötig hätte.

Ich bin aber auch die, die dieses Buch schreibt und freiwillig im Angestelltenverhältnis arbeitet. Die, die die Unzufriedenheit, den Frust und das eigene Jammern nicht länger hinnehmen will, sondern verstehen möchte. Was ist es, das mich pampig werden, die Augen verdrehen und schmollen lässt? Das mich zu häufig frustriert und nervt und davon abhält, die Lehrerin zu sein, die ich gerne wäre?

Ich glaube, dass ich für viele Kolleg:innen spreche, wenn ich sage, dass ich den Beruf zwar einerseits wunderbar, wichtig und wertvoll finde. Mich aber andererseits ernsthaft frage, ob ich diese Arbeit den Rest meines Lebens machen kann. All diese Probleme, Emotionen und Zustände meiner Schüler:innen abzukriegen und damit umzugehen. Der Lärm, die wenigen Erfolgserlebnisse, die vielen unverrichteten Dinge. Dazu das hartnäckige Vorurteil, einen Halbtagsjob und ständig Urlaub zu haben.

Ich bin davon überzeugt, dass die meisten meiner Kolleg:innen wirklich motiviert und mit den richtigen Idealen starten – aber dass nach vielen Frustmomenten irgendwann nur noch die Verbeamtung auf der Pro-Seite übrig bleibt. Ich denke deswegen, dass es wichtig ist, statt der Lolli-Methode den unbequemeren Weg einzuschlagen: aufrichtig zuhören.

Lehrer:in sein: Ein Traumjob

Zuerst zu den schönen Dingen: Unser Beruf hat auch abgesehen von Beamt:innenstatus und Ferien satt das Zeug zum Traumjob. Die Mischung aus Bürojob und Miteinander, aus Routine und Spontaneität, aus Planung und Überraschung ist unbezahlbar. Der enge Kontakt mit den Schüler:innen, sie erleben zu dürfen und eine

Vertrauensperson für sie zu sein. Zusammen lehren und lernen, spannende Inhalte entdecken, herunterbrechen und die Perspektive wechseln. Das kann lustig, abwechslungsreich und verdammt erfüllend sein.

Auch so viele völlig unterschiedliche Persönlichkeiten kennenzulernen, ist für mich eine riesige Bereicherung. Teenie-Humor, unbezahlbar. Zu beobachten, wie die Kinder und Jugendlichen ihre Persönlichkeit formen, verteidigen und anpassen, wie sie Freundschaften führen und Krisen überwinden, finde ich das Spannendste überhaupt. Menschen in der vielleicht prägendsten Phase ihres Lebens begleiten zu dürfen – das ist für mich ein Traumjob.

Das alles mag Geschmackssache sein, und für viele Menschen gibt es sicher Schöneres, als in einem veralteten Klassenzimmer zu stehen und an dem Versuch zu scheitern, einen Haufen Teenager:innen zu motivieren. Für mich selbst gibt es nur einen Punkt, der gegen meinen Beruf spricht. Dieser überschattet jedoch vieles. Es ist das Auf-sich-allein-gestellt-Sein.

Damit meine ich weniger die Tatsache, dass es punktuell überfordernd sein kann, allein gegenüber 25 bis 30 Pubertierenden zu stehen, von denen der Großteil aus problematischen Verhältnissen kommt. Dass die Lehrkraft aber im gesamten Kontext Schule auf sich allein gestellt ist, ist das echte Problem. Eine solche Arbeitsweise kann niemandem gerecht werden.

Freitag, sechste Stunde, siebte Klasse: Ethikunterricht

Wenn ich an die Schattenseiten des Alleinseins denke, dann denke ich vor allem an die Momente, die ich eine Zeit lang jeden Freitag in der sechsten Stunde im Ethikunterricht bei den Siebtklässler:innen erlebt habe. Es war die erste Klasse, mit der ich einfach nicht weiterkam. Weder inhaltlich noch pädagogisch. Zwischen uns schien es einfach nicht zu funktionieren. In dieser Klasse war ich mal laut und mal leise, mal nett und mal grantig, mal motiviert und mal resigniert. Ich wurde ab und zu angebrüllt und brüllte auch mal zurück. Nichts davon hat irgendwas gebracht. Nie habe ich in dieser Klasse länger als zehn Minuten so was wie Unterricht gemacht. Stattdessen flogen neben Papierfliegern Stühle um, Kinder rannten herum.

Schon die Rahmenbedingungen machten es uns nicht gerade leicht: Ich hatte die Klasse mitten im Schuljahr übernommen, die Schüler:innen mit Masken kennengelernt. Nach wenigen Wochen gab es eine Schulschließung, danach fingen wir wieder von vorne an. Von vorne anfangen, in einem zweistündigen Nebenfach wie Ethik. Ohne die Schüler:innen zu kennen. Ohne in ihre Gesichter blicken zu können. Das ist eine Herausforderung.

Immer wieder hatte ich also Katastrophenstunden in dieser Klasse, in denen die Jungen sich durchs Klassenzimmer jagten, die Mädels kreischten und die wenigen stillen Kids sich die Ohren zuhielten. Meine Glaubwürdigkeit hatte ich offenbar bereits in den ersten Stunden verspielt, in denen ich nicht jeden einzelnen Regelbruch direkt konsequent beantwortet hatte, sondern erst einmal locker bleiben wollte. Das rächte sich jetzt. Denn »locker bleiben« war hier keine Option. Stattdessen haftete mir der Stempel »inkonsequent« unwiderruflich an und schien sich durch nichts rückgängig machen zu lassen.

Es wurde zum Normalzustand, dass die Stunden unterirdisch liefen und sich für mich unendlich anfühlten. Nicht selten passierte es, dass ich über die Türschwelle ins Klassenzimmer trat und direkt Zeugin einer handfesten Schlägerei wurde. So war auch an einem

Freitag das Erste, was ich beim Betreten des Klassenzimmers sah, ein Stuhl, der gegen die Wand flog. Kai und Deniz stürzten sich auf den Stuhl und rangen darum, während der Rest der Klasse um die beiden herumstand und sie bejubelte oder beleidigte. Manche sprangen in das Gerangel rein und ein paar Sekunden später wieder raus. Stella filmte. Ich nahm ihr im Vorbeigehen das Handy aus der Hand und steckte es in meine Hosentasche. Stella revanchierte sich, indem sie mich über das Gebrüll der Klasse hinweg anbettelte, ihr das Handy zurückzugeben und es nicht mit ins Lehrer:innenzimmer zu nehmen. Während ich versuchte, sie abzuschütteln, rief ich laut in die Gruppe der rangelnden Jungen hinein, um ihre Aufmerksamkeit zu bekommen. Mir war nicht klar, ob das Ganze Spaß oder Ernst war, und auch die Schüler:innen selbst schienen es nicht genau zu wissen. Schließlich beendete Deniz die Szene, indem er den Stuhl mit voller Wucht gegen die Wand stieß, ihn dann losließ und sich hinsetzte, als ob nichts gewesen wäre. Kai, der sich jetzt wieder aufrappelte, fluchte leise vor sich hin, der Pulk löste sich auf, und wie von selbst kehrte Ruhe ein. Kaum war ich vorne am Pult, um die Stunde zu beginnen – wie, wusste ich auch noch nicht genau –, meldete sich Stella. »Frau Graf, krieg ich mein Handy wieder?« Ich schüttelte den Kopf und warf das Handy in meine Tasche.

Da meldete sich Jan. Von ihm hatte ich heute noch gar nichts mitbekommen, dabei war er sonst immer mittendrin, wenn es in dieser Klasse knallte. Ich nahm ihn dran, er legte seinen Kopf zur Seite und sagte gelangweilt: »Frau Graf, ich muss kacken!« Mein Magen verknotete sich, und in mir stieg eine kribbelnde Wut auf, die mich selbst in diesem Moment überraschte. Es gab schließlich schlimmere schlechte Witze. Ich atmete ein und aus, wie beim Yoga, und ließ ihn mit demonstrativer Gelassenheit zu Toilette gehen.

Endlich begann ich die Stunde. Es lief jetzt einigermaßen, wir lasen einen Text, wir sprachen ein paar Sätze, da kam Jan zurück. Er betrat den Raum, stellte sich vor der Klasse auf und zuckte mit den Schultern: »Kommt nichts!« Die Gruppe lachte. Ich hingegen hatte genug. »Raus!«, motzte ich ihn an und zeigte mit dem Finger auf die Tür. Ich kannte Jan. Er ging meistens einen Schritt weiter als die anderen. Deswegen ließ ich die Tür offen stehen, um ihn sehen zu können. Er hockte jetzt auf dem Boden im Flur und schaute mir zu, wie ich versuchte, ruhig weiterzumachen. Es machte mich nervös, dass er mich beobachtete, und ich sehnte mir das Läuten herbei. Nach einer zähen halben Stunde, vielen weiteren Ermahnungen und ohne den geringsten inhaltlichen Mehrwert klingelte es endlich, und die Schüler:innen strömten in ihr Wochenende. Sie ließen mich sprachlos wie immer zurück.

Nur Stella stand jetzt noch mit ausgestreckten Händen vor mir. »Bitte?«, säuselte sie. Ich gab ihr wortlos das Handy zurück und sah ihr nach, wie sie fröhlich aus dem Klassenzimmer hüpfte.

An diesem Freitag war nichts in besonderer Weise anders gewesen als sonst. So in etwa lief es immer ab in dieser Klasse. Trotzdem ging ich erschöpfter und geknickter ins Wochenende als sonst und grübelte intensiver an der Frage, was ich falsch machte. Dabei habe ich großes Glück. Ich arbeite an einer Schule, an der sich die Kolleg:innen im Rahmen ihrer Möglichkeiten ehrlich und aufrichtig austauschen. Bei uns im Lehrer:innenzimmer muss niemand etwas vorspielen, weder die Person, die erzählt, noch die, die zuhört. Trotz dieser regelmäßigen Gespräche und dem Versuch, ehrlich und konstruktiv zu sein, bleibt unser Austausch in gewisser Weise einseitig. Ich kann die Situation schließlich nur nacherzählen, aus meiner Sicht, mit meinen Schwerpunkten. Es gibt im Klassenzimmer ja nur die Schüler:innen und mich. Keine zweite professionelle Person. Dabei wäre deren Wahrnehmung in solchen Situationen überaus wichtig.

Allein mit so einer großen Zahl junger Menschen – das würde vielleicht funktionieren, wenn es nur um Wissensvermittlung ginge, sagen wir, bei einer Professorin und ihren Studierenden an der Uni. Doch eine Lehrer:in vor einer Klasse an der Hauptschule ist nicht nur mit Wissensvermittlung beschäftigt. An der Schule muss es auch um Erziehung und vor allem um Beziehung gehen. Als Alleinerziehende von 25 Kindern kann sie keinen guten Job machen. Deswegen gibt es an meiner Schule schon einige Kolleg:innen, die gerne im Team unterrichten würden. Aufgrund des Personalnotstands ist das aber kaum umsetzbar. Die Lehrer:innen haben also keine andere Wahl, als auf sich allein gestellt zu arbeiten und sich im besten Fall danach bei den Kolleg:innen auszuheulen. Dass nicht jedes Kollegium so harmoniert wie meins, liegt auf der Hand. Ich möchte mir also gar nicht ausmalen, wie es sich anfühlt, nach solchen Stunden mit gesenktem Kopf ins Lehrer:innenzimmer zu treten und hoffen zu müssen, dass niemand etwas davon erfährt. Aber Kollegium hin oder her: Vor der Klasse ist die Lehrkraft in der Regel allein. Und nicht selten sogar einsam.

In meinem Kopf versuchte ich an dem besagten Freitag, die Stunde zurückzuspulen und sie noch einmal vor meinem inneren Auge ablaufen zu lassen. Was hätte anders laufen können? Aber wie immer gab es niemanden, der diese Fragen hätte beantworten können. Niemand, der Kritik äußern oder angemessene Ratschläge geben konnte. An diesem Freitag merkte ich mit großer Beklemmung, wie einsam es sein kann, Lehrerin zu sein.

»Viel Spaß!«

Etwas einsam fühlte ich mich auch an der Schule, auf der ich als ausgebildete Lehrerin meinen ersten Vertretungsvertrag annahm, bevor ich auf die *Brennpunktschule* kam. Mit den Worten »Viel Spaß!« drückte mir die Direktorin einen Schlüsselbund in die Hand und entließ mich in meinen neuen Arbeitsalltag. Aus dem Referendariat kannte ich noch das ständige Kontrolliert- und Infantilisiertwerden: das Gefühl, selbst Schülerin zu sein und den Lehrer:innen, die mich bewerteten, etwas beweisen zu müssen. Jetzt kannte mich niemand, und ich wurde auf eine siebte Klasse losgelassen, ohne dass jemals jemand von dieser Schule meinen Unterricht gesehen, geschweige denn gefragt hätte, was ich eigentlich für Einstellungen oder Überzeugungen habe. Niemand hatte sich für meine Vorstellung von guter Pädagogik, meine Werte, meine Strategien interessiert. Das einzig Wichtige für meine Einstellung waren meine Fächerkombination und mein Deputatswunsch, also wie viele Stunden pro Woche ich unterrichten konnte. Alles andere: egal. Dass ich und die Kids, die meine ersten »richtigen« Schüler:innen waren, dann gut harmonierten, war zwar schön, führte aber auch dazu, dass sich erst recht niemand dafür interessierte, wie ich unterrichtete.

Für Menschen, die in der freien Wirtschaft arbeiten, muss das absurd klingen. Ist es auch. Aber es ist die Normalität. Dass ich an der Schule kein Vorstellungsgespräch absolvieren und keine Probestunden abhalten musste, liegt nicht an dieser einen Schule. Die Abläufe der Lehrer:inneneinstellung sehen es nicht anders vor. Schon gar nicht bei Vertretungsstellen. Es gibt zwar auch Beamtenstellen, die ausgeschrieben sind und auf die sich Lehrer:innen bewerben können. Der größte Teil wird jedoch einfach zugeteilt. Die Schulen nehmen das Lehrpersonal, was kommt. Egal ob es passt oder nicht.

Ähnlich wenige Fragen bezüglich ihrer pädagogischen Einstellungen und Überzeugungen stellen sich viele Lehramtsstudierende bei der Wahl ihres Studiengangs. Für den Bildungsforscher Aladin El-Mafaalani ergibt das Sinn. Er sagt: »*Das System, so wie es ist, zieht Menschen an, die es sich gut vorstellen können, in diesem System zu arbeiten.*«[15] Mitarbeiter:innen und System scheinen sich in der Schule zu ergänzen. Gerade für junge Menschen, die ziellos vor der Frage des passenden Studienfachs stehen, erscheint die Schule als zukünftiger Arbeitsplatz naheliegend. Hier kennen sie die Strukturen, weil sie selbst mal Schüler:innen waren. Dazu kommen dann noch die Vorzüge der potenziellen Verbeamtung.

Junge Menschen wählen also den Lehramtsstudiengang vor allem aus einem Sicherheitsbedürfnis heraus. Auch ich finde mich in der Beschreibung El-Mafaalanis teilweise wieder – obwohl ich meinen Job heute alles andere als unambitioniert mache. Trotzdem war ich zum Zeitpunkt meiner Studienwahl maximal orientierungslos. Abgesehen von Medizin, Lehramt und Jura hatte ich keine Ahnung, wohin ein Studium mich führen könnte. Schule war der einzige Ort, der mir vertraut war. Von dem ich wusste, wie es dort zugeht. In der großen Unbekannten, die ein Universitätsstudium für mich bedeutete, schien mir das wie der einzige Anker.

Im Studium selbst beschäftigte ich mich dann so gut wie gar nicht mit dem Lehrer:innenberuf. Mein erstes Staatsexamen an der Universität bestand fast ausschließlich aus fachlichen Prüfungen und in den Seminaren saß ich zum großen Teil mit Magisterstudierenden zusammen. Erst im Referendariat fing ich an, mich mit dem eigentlichen Job zu befassen, und begriff, wie gerne ich ihn machte.

---

15 Aladin El-Mafaalani: Mythos Bildung, S. 194

»Die gucken einfach nur!« – Das Referendariat

In meinem Referendariat erkannte ich, dass ich die Arbeit mit Kindern und Jugendlichen liebe. Aber ich begriff auch etwas anderes, etwas Fatales. Denn genau wie alle anderen angehenden Lehrkräfte lernte ich die »offene Tür« als Bedrohung kennen. Wir verstanden, dass Einblicke von außen in diesem System etwas äußerst Unangenehmes sind.

Warum ist das so? Referendar:innen sind entweder mit der Klasse allein, oder sie werden auf Herz und Nieren geprüft. Ein Dazwischen gibt es kaum. Natürlich kann es passieren, dass sie so viel Glück haben wie ich und eine tolle Mentorin bekommen. Vielleicht sitzt sie regelmäßig hinten im Klassenzimmer, und der Austausch mit ihr nach der Stunde ist ein Dialog auf Augenhöhe. Vielleicht geht es um die Schüler:innen und um die bestmögliche Art, ihnen Wissen zu vermitteln. Möglich ist aber auch, dass es darum geht, wie die Referendar:in die nächste Lehrprobe einigermaßen überstehen kann. Denn obwohl die ausgebildeten Lehrer:innen ihren Job später im Verborgenen machen werden, werden Referendar:innen ganz und gar nicht in Ruhe gelassen. Nach fünf Jahren Studium finden sie sich plötzlich in den alten Schulhierarchien wieder. Sie werden von anderen Lehrer:innen bewertet. Es gibt teils sehr genaue Vorstellungen davon, wie ihr Unterricht zu sein hat. Es gibt Unterrichtsbesuche und Lehrproben, die naturgemäß nicht mehr als Momentaufnahmen sein können. Und doch steht und fällt das Referendariat zum großen Teil mit diesen vorgeführten Stunden. Die besteht man – oder eben nicht.

Die Lehrproben sind ein einziges Schauspiel. Manche Referendar:innen studieren dafür sogar vorab Antworten mit ihren Schüler:innen ein. Andere verlieren sich in Methodenfeuerwerken, um ihre Fachleiter:innen glücklich zu machen. Dabei unterscheiden sich die Lehrer:innenausbildungen der einzelnen Schulformen. So wird eine Realschullehrkraft in ihren Lehrproben sehr viel mehr Methoden und pädagogische Spielereien vorführen müssen, während auf dem Gymnasium vor allem fachliche Inhalte präzise und einigermaßen unaufgeregt vermittelt werden sollen. Gemeinsam haben die Lehrproben aber, dass sie wenig Wahrheitswert enthalten und kaum repräsentativ sind. Alle Beteiligten wissen das. Viele begründen diesen Widerspruch damit, dass es nicht um die eine Stunde ginge, sondern viel mehr um das Zur-Schau-Stellen der Fähigkeit, Unterricht planen zu können.

Diese Fähigkeit könnte aber viel umfassender geprüft werden, indem die Referendar:innen enger und dafür kleinschrittiger in ihrer Ausbildung begleitet werden würden. Schon während des Studiums sollten Lehramtsstudierende in der Schule als Assistenzlehrer:innen fest verankert sein. Zwar gibt es solche Konzepte schon stellenweise auf freiwilliger Basis, allerdings fungieren die Studierenden dann vor allem als Krankheitsvertretungen und sind somit wieder allein im Klassenzimmer. Wäre die Tätigkeit als Assistenzlehrkraft aber langfristig und verbindlich im Studium angelegt, gäbe es von Beginn an eine Kultur des Austauschs statt einer Kultur der geschlossenen Türen. Dann erscheint das Referendariat nicht mehr als Endgegner, sondern als logischer Abschluss einer begleiteten Ausbildung.

Dann würden sie aufgrund von Erfahrungen und eines konstruktiven Austauschs mit ihren Kolleg:innen lernen, wie man guten Unterricht macht. Und nicht, weil sie in 45 Minuten das zeigen, von dem sie glauben, dass ihre Fachleiter:innen es sehen wollen.

Wie auch immer: Die Lehrproben entscheiden darüber, ob man am Ende des Referendariats die Lehrbefähigung bekommt oder nicht. Entsprechend intensiv werden sie vorbereitet. Der Rahmen des von den Prüfer:innen Gewünschten ist sehr eng und bietet kaum Raum für eigene Schwerpunkte, geschweige denn für die innovative Gestaltung des Unterrichts. Das ist fatal. Denn die Zeit im Referendariat könnte man nicht nur viel besser nutzen, um eine eigene Lehrer:innenpersönlichkeit zu entwickeln. Das Referendariat hätte auch das Potenzial, die Haltung der Lehrkräfte und die Art, Schule zu machen, grundlegend und positiv zu verändern. Das Problem: Um eine schüler:innenfreundliche Haltung, ein offenes Ohr für Kritik und die Bereitschaft, sich zu verbessern, in den Lehrkräften zu etablieren, braucht es entsprechende Fachleiter:innen und Mentor:innen im Referendariat. Nur sind die Personen, die die Referendar:innen bewerten, selbst Lehrer:innen und damit Teil des bestehenden Systems. Die Katze beißt sich hier also leider in den Schwanz. Es zeigt sich einmal mehr, wie wichtig ein Neubeginn wäre. Denn die Angst vor Unterrichts-»Besuch« durch andere erwachsene Personen wird im Referendariat geschürt und sitzt durch die teilweise penetrante Kontrolle so tief, dass die Lehrkräfte später die offene Tür mit Stress, Scham und der Möglichkeit zu versagen verknüpfen.

Es heißt, man müsse sich irgendwie durch die »harte Schule« des Referendariats manövrieren und dann sei man frei. Die Wahrheit ist aber: Man manövriert sich durch Widersprüche und Lächerlichkeiten und ist danach: allein.

Die verschlossene Tür

Das Korsett aus Kontrolle und Leistungsdruck des Referendariats soll also in dem Moment abfallen, in dem man als ausgebildete Lehrkraft den ersten eigenen Schlüssel in die Hand gedrückt bekommt und endlich die Tür hinter sich schließen kann. Jetzt kann man sein Ding machen. Unter Umständen muss man nie wieder irgendeine erwachsene Person an seinem Unterricht teilhaben lassen – abgesehen von den beiden Vorführstunden für die Verbeamtung auf Lebenszeit. Vielleicht hat man auch noch ab und zu eine:n Sozialarbeiter:in in der Klasse. Die Tatsache, dass viele Lehrkräfte das jedoch nicht als Bereicherung empfinden, spricht für sich. Das Alleinsein klingt also erst einmal wunderbar entlastend. Es klingt nach Einatmen, Ausatmen. Nach Schoko-Banane-Lolli. Bis man dann das erste Mal wie ein begossener Pudel vor der einfach nicht zu beruhigenden Klasse steht. Bis man feststellt, dass es gerade mal ein Drittel der Schüler:innen schafft, das Gelernte in der Klassenarbeit anzuwenden. Bis man sich unbedingt Zeit nehmen will für die Schülerin, deren Eltern sich frisch getrennt haben, es aber nicht kann, weil die anderen sonst über Tische und Bänke gehen. Nach solchen Stunden geht man dann mit gesenktem Kopf ins Lehrer:innenzimmer und fragt sich, was schiefgelaufen ist. Man fragt sein Spiegelbild nach möglichen Gründen. Die eigene Unzulänglichkeit schmerzt und will schnell zur Seite geschoben werden. Andere Gründe müssen her: die Schüler:innen, die Eltern, die Kolleg:innen. Bei dem Gedanken, jemand würde die eigene, schlechte Performance beobachten, mischt sich Scham mit Panik und mit der Erkenntnis: Gut, dass keiner zuschaut. Die Idee, dass Kritik, Hinweise und der konstruktive Austausch mit Kolleg:innen hilfreich oder sogar bahnbrechend sein könnten, ist in den meisten Köpfen gar nicht existent.

Aber wie auch? Schließlich braucht es für einen gesunden Umgang mit Kritik und einen professionellen Austausch schlichtweg Erfahrung damit. Lehrkräfte aber, die von der eigenen Schulzeit in die Uni und von da zurück zur Schule gehen, haben es nie gelernt, mit gleichsam Professionellen zu diskutieren, zu streiten, sich weiterzuentwickeln. Sie kennen nur den Blick »von unten« auf die Lehrer:innen ihrer Schulzeit, Dozent:innen, Fachleiter:innen, die Schulleitung. Oder »von oben« auf ihre eigenen Schüler:innen. Sie sind es aber ganz und gar nicht gewöhnt, sich in ihrem Unterrichtsalltag mit anderen Kolleg:innen eng abzustimmen oder konstruktiv kritisiert zu werden. Was Lehrer:innen brauchen, um sich weiterzuentwickeln, sind offene Türen. Und zwar nicht solche, die kaputt sind und sich deswegen nicht schließen lassen. Und auch nicht solche, die nur offen stehen, um den sanktionierten Schüler auf dem Flur unter Kontrolle zu haben. Wir brauchen offene Türen, durch die andere Professionelle rein- und rausgucken können. Durch die ehrliche Rückmeldung, Feedback und Wertschätzung zu uns gelangen. Wir brauchen Austausch, von Anfang an.

Grundlegend dafür ist das Überwinden steinalter Hierarchien, damit es schon im Referendariat um gelingende Pädagogik geht, statt um Eiertanz und Schauspielstunden. Um innerschulische starre Hierarchien aufzulockern, muss es allen Beteiligten möglich sein, sich in einem ebenso geschützten wie professionellen Rahmen auszutauschen. Ein Rahmen, in dem sich Schulleitung, Lehrkräfte und Sozialarbeiter:innen als Team begreifen. Ich meine also nicht die Gespräche unter Kolleg:innen im Lehrer:innenzimmer, die eher einem Dampfablassen gleichkommen als einem professionellen Austausch. Und auch nicht die häufig ermüdenden Gesamtkonferenzen, auf denen immer dieselben zu Wort kommen und die am Ende auch nur in der gleichen Echokammer stattfinden.

Ich meine damit Supervisionen, moderiert von externen Professionellen, die es erlauben, regelmäßig und zielführend über das zu sprechen, um das es geht: um die Arbeit mit Kindern und Jugendlichen und ihren Familien. Und um die Herausforderungen, die diese Arbeit mit sich bringt. Supervisionen gibt es in fast allen sozialpädagogischen und -psychologischen Branchen. Nehmen wir zum Beispiel eine Institution wie ein Frauenhaus. Dort kommen in regelmäßigem Abstand externe Supervisor:innen zusammen, um mit dem Team über dessen Arbeit zu reflektieren. Die Mitarbeiter:innen erzählen von teilweise heiklen Situationen und den eigenen Erfahrungen und haben die Möglichkeit, neue Perspektiven einzunehmen. Auch für die Vermittlung bei Konflikten innerhalb des Teams kann die Supervision eine große Bereicherung sein. An Schulen gibt es solche Supervisionen in der Regel nicht, dabei wäre es so naheliegend. Gerade vor dem Hintergrund, dass die Lehrkräfte ihren Job in aller Regel allein bestreiten. Die Länder müssten also dafür sorgen, dass diese Art der Beratung an Schulen etabliert wird. Dazu muss es aber natürlich auch eine Forderung danach seitens der Lehrkräfte geben.

Die gute Nachricht: Um eine Atmosphäre des Austauschs innerhalb der Schule zu schaffen, braucht es zunächst gar keine bahnbrechenden politischen Veränderungen. Die Lehrkräfte und Schulleitungen haben es selbst in der Hand, welchen Geist ihre Schule atmet. Sie müssen diese Möglichkeit aber wahrnehmen und sich innerhalb des Kollegiums dabei unterstützen und ermutigen, häufiger und konstruktiver in den Austausch zu gehen, statt die Tür hinter sich zu schließen und geknickt ins Wochenende zu gehen.

Anders ist es bei dem Raum, der in den Klassenzimmern geschaffen werden müsste, um sich im großen Umfang während des Unterrichts unterstützen zu können. Die Klassen dürften dafür nicht bis auf den letzten Platz mit Schüler:innen gefüllt sein, sondern müssten freie Plätze für Hospitierende und Sozialarbeiter:innen lassen. Darauf haben die Schulen wenig Einfluss. Erst recht solche, die mit Personalmangel und einer ständig wachsenden Schüler:innenanzahl zu kämpfen haben. Hier muss die Politik aktiv werden.

Die Lehrplandebatte

Will man Unterricht für alle besser gestalten, geht es natürlich nicht nur um die Frage, wie die Lehrer:innen den Stoff an ihre Schüler:innen bringen. Es geht auch um die Frage, was vermittelt werden soll. Die Lehrplandebatte ist sehr heikel. Sich auf bestimmte Themen im Lehrplan zu einigen oder von ihnen zu trennen – das sind schwierige Entscheidungen. Gute Argumente gibt es auf beiden Seiten: Die, die den Lehrplan möglichst dicht und konkret haben wollen, weisen zum Beispiel darauf hin, dass Schüler:innen mit immer größeren Lücken im Allgemeinwissen an die Universitäten kommen. Die, die den Lehrplan entschlacken wollen, werfen wichtige Fragen im Hinblick auf die sinkende Qualität zugunsten der Quantität von Unterrichtsstoff auf. Fakt ist: Ein Lehrplan kann keine Eier legende Wollmilchsau sein. Es funktioniert nicht, Lehrer:innen den Auftrag zu geben, einerseits in die Tiefe des Stoffes vorzudringen und andererseits möglichst viel Stoff in immer weniger Schuljahre zu pressen.

Ich glaube, dass die Diskussion um die richtigen Inhalte im Lehrplan eigentlich ein Stellvertreterkonflikt ist. Denn es ist so: Egal, was der Lehrplan von der Lehrkraft verlangt – es wird immer problematisch bleiben, einen pauschalen Lehrauftrag auf eine leistungsheterogene und viel zu große Lerngruppe anzuwenden. Es kann deswegen eigentlich erst um sinnvolle Inhalte im Lehrplan gehen, wenn die Strukturen dafür geschaffen worden sind, in denen all diese Erwartungen auch erfüllt werden können. Wenn die Lerngruppen kleiner werden und die Lehrkraft im Unterricht Unterstützung bekommt.

Trotzdem glaube ich, dass es wichtig ist, sich als Lehrkraft auch in Bezug auf die Stoffvermittlung zumindest zu reflektieren. Viele Lehrer:innen stehen vor dem Problem, dass ihre eigene fachliche Leidenschaft und der damit verbundene Anspruch an die Schüler:innen allzu oft mit den Vorlieben und Fähigkeiten der Schüler:innen kollidiert. Diese zeigen sich desinteressiert, gelangweilt oder sogar unfähig, den Stoff zu verinnerlichen. Diese Erkenntnis, dass die Jugend nicht mehr wisse, was wichtig ist, dass sie verdumme, ist nicht neu. Es gibt sie, seit es Menschen gibt – und niemals traf sie wirklich zu.

Die Beobachtung, dass die eigenen Schüler:innen weniger Leistung erbringen, als man das aus der eigenen Schulzeit gewohnt ist, rührt aber auch daher, dass ein Großteil der Lehrer:innen, egal ob Gymnasium, Haupt- oder Realschule, selbst einen hohen Schulabschluss gemacht und dann studiert hat, sodass der Vergleichsrahmen nicht stimmig ist. Vielleicht fällt es mir deshalb oft leicht, das vermeintliche Desinteresse und die teilweise schwachen Leistungen meiner Schüler:innen einzuordnen. Schließlich war ich selbst eine mittelmäßige Realschülerin ohne Ambitionen, bevor ich am Ende noch die Kurve bekam und die Seiten in mir zum Leben erwecken durfte, die viel zu lange geschlummert hatten.

Statt sich mit der falschen Feststellung aufzuhalten, dass die eigene Generation schlauer, kompetenter und ehrgeiziger als die nachfolgenden ist, sollten wir uns lieber die Frage stellen, wie wir fachlich, und damit dann im weiteren Schritt auch pädagogisch, wieder zusammenkommen. Dabei müssen wir zwangsläufig auch die Inhalte des Lehrplans und der Schulbücher genauer betrachten.

Bewegung im Lehrplan

Auf den Gedanken, dass es sinnvoll sein könnte, Bewegung in den Lehrplan zu bringen, hat mich die gleiche siebte Klasse gebracht, die mich freitags in der sechsten Stunde an den Rand der Verzweiflung getrieben hatte. Die Erkenntnis kam mir, nachdem ich dort zur Abwechslung 45 Minuten stinknormalen Unterricht gemacht hatte. In dieser Stunde drehte ich mich um, schrieb etwas an die Tafel. Ich atmete normal. Ich stellte Fragen, bekam Antworten. Das alles in Zimmerlautstärke. Ich lachte einmal kurz und blickte in freundlich lächelnde Schüleraugen. Ich teilte Blätter aus und sammelte sie ausgefüllt wieder ein, ohne einen einzigen Papierflieger darunter zu finden, ohne Zeichnungen von Geschlechtsteilen zu entdecken. Ich ließ die Kinder Stühle hochstellen und Fenster schließen. Wünschte ihnen einen schönen Tag und bekam ein freundliches »Tschüß« zurück. Die Klasse war an diesem Tag einfach wie ausgewechselt. Niemand war wütend, keiner brüllte oder beleidigte. Keiner sprang auf, um sich dann direkt wieder hinzusetzen, um dann wieder brüllend aufzuspringen. Alle saßen da, mit roten Backen und zufriedenen Gesichtern und machten einfach mit. Ich war erst etwas verunsichert und fragte, was passiert sei. Und tatsächlich: Etwas war anders als sonst gewesen: Die Kids erzählten mir, dass sie gerade vom Schulhof kamen, denn sie hatten vorher eine Vertretungsstunde gehabt. Der Lehrer war mit ihnen und einem Fußball auf den Schulhof gegangen. Vorurteile und Bedenken hat er offensichtlich im Klassenzimmer gelassen. Er hatte den Ball hochgeworfen und das Spiel angepfiffen. Und die Klasse hatte sich in Bewegung gesetzt. 45 Minuten später hatte er abgepfiffen, und die Schüler:innen waren verschwitzt und durstig zurückgegangen. Und das war's

Ich glaube nicht, dass das ein Zufall war. Die Bewegung, die Abwechslung, die frische Luft. Das tut den Schüler:innen nicht nur gut, das brauchen sie. Eigentlich wissen wir das alle, aber umsetzen können wir es im offiziellen Lehrplan nicht.

Gemeinsam weniger einsam

Wie können wir den Stein aus den Schuhen der Lehrkräfte also endlich entfernen, statt einfach weiterzumachen wie bisher? Kräftig schütteln! Und zwar alles. Angefangen bei der Lehrer:innenausbildung über die Lehrpläne bis hin zu den Stundenplänen. Das alles muss aufgelockert, hinterfragt und offener gestaltet werden. Lehrer:innen muss zugehört werden. Von der Politik, von Eltern, von Freund:innen und Kolleg:innen. Sie müssen nicht nur gemeinsam mit den Schüler:innen ihren Arbeitsalltag erleben und hinterfragen, sondern vor allem miteinander. Damit sie am Ende des Tages in den Spiegel schauen und vielleicht von sich behaupten können, richtig souverän zu sein, statt immer nur zu jammern.

KAPITEL 9 – MÖGLICHKEITEN GEBEN – CHANCEN IM WIDERSTAND

Vor meinem Start als Lehrerin an einer Brennpunktschule fragte ich mich, ob ich meinen Job gut machen würde. Ich wollte nicht so naiv sein und denken, ich könnte die Welt verändern. Ich wusste, dass ich nicht jeden retten kann. Und ich wusste, dass es nicht damit getan ist, einen Stuhlkreis zu bilden und die richtigen Fragen zu stellen. Aber ich ging davon aus, dass es vor allem wichtig sein würde, die Augen offen zu halten, um das Potenzial der Kids zu sehen. Um Chancen zu erkennen und zu ergreifen. Ich glaube, dass ich Nerven wie Drahtseile hätte und nichts persönlich nehmen würde. Und irgendwie dachte ich, das müsste reichen. »Man muss ihnen nur Möglichkeiten geben.« Davon war ich überzeugt und bin es noch immer. Aber das »nur« habe ich gestrichen. Denn um Möglichkeiten zu geben und Türen zu öffnen, reicht es nicht, Angebote zur Verfügung stellen und die Schüler:innen darauf aufmerksam zu machen. Möglichkeiten zu geben – das braucht vor allem Jugendliche, die in der Lage sind, sie anzunehmen.

Marvin

Wenn ich darüber nachdenke, was es braucht, um meinen Schüler:innen neue Perspektiven aufzuzeigen, dann denke ich an die Geschichte meines ehemaligen Nachbarn. Marvin und ich wohnten mal im gleichen Haus im Stadtzentrum, gleich neben der Unibibliothek. Er teilte sich seine WG mit vier anderen Studierenden, pendelte mit seinem Fahrrad zwischen Nebenjob, Café und Bibliothek. Seine Familie wohnte ein paar Hundert Kilometer weit entfernt weg, und er besuchte sie alle paar Wochen. Ein ganz normales Studentenleben also. Als ich Marvin Jahre später frage, ob ich ihn für meinen Blog interviewen darf, hat er gerade sein Juraexamen geschrieben, jobbt nebenbei in einer Kanzlei und trägt deswegen oft einen Anzug. Marvin hat also auf den ersten Blick nicht viel mit meinen Schüler:innen gemeinsam. Trotzdem muss ich bei seiner Geschichte an sie denken.

Er erzählt mir diese Geschichte so beiläufig wie eindringlich, in Sprachnachrichten verpackt ins Telefon hinein, zwischen Bahnhaltestelle und Kanzlei. Zwischen Unibibliothek und Fitnessstudio hat er all das aufgenommen, was ihn zu dem gemacht hat, was er heute ist: ein Jurist. Ein Jurist mit nigerianischen Wurzeln. Ein Jurist, geboren in Leverkusen-Rheindorf, dem »Problemviertel« der nordrhein-westfälischen Stadt. Geboren in eine Familie, die sich mit Hartz IV über Wasser zu halten versuchte. Der Sohn einer alleinerziehenden Schwarzen Frau.

Wenn ich an Marvin denke, dann denke ich an seinen schnellen Gang und seine großen Schritte. Ich denke an seinen aufgeschlossenen und wachen Blick. An die Energie, die er ausstrahlt. Das hört man auch in seinen Nachrichten. Er spricht mit so viel Power, so viel Überzeugung, dass es unmöglich ist, ihm nicht zuzuhören. Marvin ist ein richtiger Macher. Deswegen basierte unsere Nachbarschaftsbeziehung vor allem auf dem gegenseitigen Ausleihen von Gebrauchsgegenständen und den kleinen Türschwellengesprächen, die wir während dem Abholen und Zurückbringen dieser Dinge hielten. Werkzeug, Fahrradpumpe, Kuchenform. Kindheit, Schule, Uni.

Ich merkte bald, dass Marvins schneller Gang, seine Geschäftigkeit und seine Hilfsbereitschaft keine zufälligen Persönlichkeitsmerkmale waren. Sondern das Ergebnis eines ebenso steilen wie schwierigen sozialen Aufstiegs. Ein Aufstieg, der ohne größte Anstrengung, Disziplin und Wachsamkeit nicht möglich gewesen wäre. Für meinen Blog wollte ich dann von Marvin wissen: Ist er heute da, wo er sein will? Was hat ihn hierhin gebracht? Und: Gab es diesen einen, entscheidenden Moment, den Türöffner?

Marvin erzählt: Ein wichtiger Baustein seines Aufstiegs, wenn nicht der wichtigste, war ein Stipendium, für das er sich in der neunten Klasse erfolgreich bewarb. Ein Lehrer hatte ihm dazu geraten. Das Stipendium richtete sich an besonders leistungsstarke und engagierte Jugendliche mit Migrationshintergrund. »Dieses Stipendium«, sagt Marvin heute, »war ein krasser Augenöffner und ein wichtiger persönlicher Motivationsschub.«

Er beschreibt das Gefühl, bei dem Programm endlich unter Gleichgesinnten gewesen zu sein: People of Colour, deren Heimatgefühl sich an zwei völlig unterschiedlichen Punkten auf der Weltkarte ansiedelte und die sich zu oft fremd fühlten. Die gute Noten hatten und engagiert waren. Die mehr vom Leben wollten als das, was sie kannten. Marvin erzählt, dass er sich in seiner Gymnasialklasse als Schwarzer nie ganz dazugehörig gefühlt habe. »Ich war schon wegen meinem Migrationshintergrund ein Sonderling. Dann war ich ein Sonderling, weil ich gut in der Schule und sehr engagiert war. Das haben viele nicht zusammenbekommen. Denn eigentlich war für sie das Bild eines Schwarzen Kindes einer alleinerziehenden Mutter mit geringem Lebensunterhalt auch das Bild eines Hauptschülers, der keine großen Ambitionen hat. Dem entsprach ich also auch nicht. Dadurch habe ich mich immer irgendwie unpassend gefühlt. Ich passe weder in die eine noch in die andere Welt.« Mit dem Stipendium war er dann plötzlich in einem Raum mit über 200 Leuten, in denen er sich wiedererkannte. »Das war so bereichernd und inspirierend. Ich habe mich zum ersten Mal wirklich verstanden und willkommen gefühlt.«

Im Kontext Schule hat Marvin seine Wurzeln nie als Bereicherung empfunden, sondern vielmehr als belastendes Stigma. Mit dem Stipendium und den vielen Workshops und Treffen, die er nun besuchte, eröffnete sich ihm eine neue Perspektive und die Möglichkeit, die eine mit der anderen Welt in Einklang zu bringen. Abgesehen davon half ihm das Geld, das er nun im Rahmen des Stipendiums bekam, mit seinen Mitschüler:innen mitzuhalten. Sich Bildung zu leisten. Das zu tun, was für ihn notwendig war, um seinen Wissensdurst und den Hunger nach kultureller Teilhabe annähernd zu stillen. Mit dem Stipendium fiel dann auch Marvins Entschluss, Abitur zu machen. Angesichts seiner Noten lag das eigentlich nahe. Aber als Erster in der Familie, der auf ein Gymnasium ging, war es nie selbstverständlich gewesen, dass er diesen Weg einschlagen würde. Das Stipendium war diese eine große Chance – das eine Angebot, das Marvin zum richtigen Zeitpunkt Rückenwind gegeben hat.

Marvin als Maßstab

Kein Wunder also, dass ich Großes witterte, nachdem ich in meinem eigenen Lehrerinnen-Postfach einen Flyer für eben dieses Stipendium fand. Direkt fielen mir ein Dutzend Schüler:innen ein, die ich gerne dafür vorgeschlagen hätte. Kids, die zu Hause den Laden schmeißen, weil ihre Mutter Schicht arbeitet und ihr Vater schon lange nicht mehr da ist. Kids, die im Kinderheim versuchen, nicht mehr mit ihrem Zimmernachbar aneinanderzugeraten, um auf den Ausflug in den Freizeitpark mitfahren zu können. Kids, die vor ein paar Jahren mit ihren Familien vor dem Krieg in ihrem Heimatland geflüchtet sind und schon nach wenigen Wochen in der neuen Klasse trotz der fremden Sprache Anschluss gefunden haben.

Als mein Blick jedoch auf die Teilnahmebedingungen fiel, geriet ich ins Zweifeln. Die Bewerber:innen sollten nicht nur einen Migrationshintergrund haben, sondern »besonders leistungsstark« und »sozial engagiert« sein. Viele meiner Schüler:innen sind unglaublich warmherzig, sehr sozial und haben einen ausgeprägten Sinn für Gerechtigkeit. Aber sind sie deshalb »sozial engagiert«? Haben sie überhaupt die Möglichkeiten, sich sozial zu engagieren? Schließlich braucht es Kontakte und Teilhabe, um an einem Ort zu landen, an dem man sich engagieren kann. Nicht zuletzt braucht es ein gehöriges Maß an Selbstbewusstsein, um sich ein Ehrenamt zu suchen. Es braucht das Wissen über die eigenen Stärken und Grenzen. Mir wurde klar, dass Marvin zwar einerseits eine einmalige Möglichkeit durch das Stipendium bekommen hatte. Andererseits konnte Marvin dieses Stipendium aber nur deswegen so effizient nutzen, weil er eine Ausnahmepersönlichkeit ist. Ein Kind, das es trotz der destruktiven Erfahrungen von Rassismus und Diskriminierung aufs Gymnasium geschafft hat. Das, was Marvin geleistet hat, ist herausragend. Meine Schüler:innen haben zum allergrößten Teil nicht seine Fähigkeiten. Und dennoch hätten sie die Chance verdient, eine ähnlich augenöffnende, verbindende Erfahrung zu machen wie Marvin.

Es gibt auch Förderprogramme für Kinder und Jugendliche, die kein herausragendes Engagement mitbringen und nicht die besten Noten haben. Doch diese Programme sind inhaltlich meistens nicht mit den Programmen für herausragende Talente vergleichbar. Sie beinhalten zum Beispiel weniger finanzielle Förderung und setzen eher auf Mentor:innenprogramme. Und es gibt nicht viele dieser bedingungslosen Stipendien. Entsprechend hoch ist die Nachfrage – und entsprechend gering die Chance, einen Platz zu erhalten.

Ich wollte die Idee trotzdem nicht loslassen, dass auch eine:r meiner Schüler:innen das Stipendium erhielt, das Marvin bekommen hatte. Also konzentrierte ich mich auf die Bedingung »besonders leistungsstark«. Leider ist auch das auf einer Schule wie meiner ein schwieriges Kriterium. Bei uns gibt es schlichtweg kaum Schüler:innen, die wirkliche Überflieger:innen sind. Und haben wir sie dennoch, dann verlassen sie uns in der Regel bald, um aufs Gymnasium zu wechseln. Die meisten Kinder aus meinen Klassen fielen also von vornherein durch den Kriterienkatalog des Stipendiums durch.

Mir fiel schließlich doch ein Schüler ein, der infrage kam. Nael war vor ein paar Jahren mit seiner Familie vom Krieg in Syrien nach Deutschland geflüchtet. Er hatte hier sehr schnell Deutsch gelernt und Freunde in der Klasse gefunden. Seine Leistungen waren sehr gut, und er war ein Kandidat für das Gymnasium, wollte aber zuvor noch sein Deutsch verbessern. Seine Bemühungen, für Harmonie im Klassenzimmer zu sorgen, und die Tatsache, dass er sich schon häufiger schützend vor schwächere Schüler:innen gestellt hatte, wertete ich als »soziales Engagement«. Ich rief sicherheitshalber bei der Organisation an und fragte, ob eine Bewerbung Sinn mache. Es hieß, dass einer Bewerbung nichts im Wege stünde. Diese Hürde war also genommen, und ich erzählte ihm von dem Stipendium und dem Potenzial, das es für ihn haben könnte. Er war direkt dabei. Auch seine Eltern waren glücklich über die Chance. Wir führten Telefonate, schrieben E-Mails, füllten Fragebögen aus, setzten ein Motivationsschreiben auf. Wir suchten Referenzen, Nachweise und Urkunden zusammen. Was nun folgte, war der Moment, an dem ich das erste Mal seit meinem Start an der Brennpunktschule alle Illusionen verlor. Als alle Unterlagen fertig waren, warf Nael die Bewerbung nicht etwa in den Briefkasten – sondern in den Müll.

Ich hatte gedacht, ich hätte das größte Problem, nämlich eine geeignete Person für ein wirklich gutes Stipendium zu finden, gelöst. Nun sah ich mich aber vor das viel größere Problem gestellt: Chancen ergreifen erfordert Mut. Mut erfordert Vertrauen. Vertrauen in sich und die Welt um einen herum. Wie aber können meine Schüler:innen in die Welt um sie herum vertrauen, wenn die Welt viel zu häufig an ihnen vorüberzieht oder über sie die Nase rümpft?

Nael konnte mir auf Nachfrage eine Reihe an Gründen für seinen plötzlichen Sinneswandel nennen. Etwa, dass er da ständig hinfahren müsste und dann seinen Eltern nicht helfen könne »bei Sachen«. Oder, dass er ja niemanden dort kennen würde. Er sagte sogar, dass er von dem Stipendium von der Schule abgelenkt würde, und war in seiner Argumentation so überzeugend, dass ich fast selbst daran glaubte. Ich war traurig und konzentrierte mich darauf, nicht persönlich beleidigt zu sein. »Du versäumst da eine riesige Chance«, sagte ich. Nael zuckte mit den Schultern. »Okay, kann man nichts machen.« Er ließ mich stehen.

Ich hätte mich aufregen können. Aber ich konnte mich nicht dagegen wehren, dass Naels plötzliche Ablehnung, die Scheiß-egal-Haltung und seine ausweichenden Blicke mir bekannt vorkamen. Schließlich hätte auch ich um ein Haar eine riesige Chance versäumt, weil sie mir einfach eine Nummer zu groß erschien.

Ja, nein, doch!

Nachdem mir mein Stiefvater den entscheidenden Push in Richtung Abitur gegeben hatte, stand ich mit siebzehn Jahren vor einer Entscheidung, die mich aus meinem Trott herausholen und mir die Chance geben konnte, über mich hinauszuwachsen.

Als ich damals durch die Flure der Gesamtschule schlurfte, an der ich mein Abitur machte, stolperte ich wortwörtlich über einen Flyer, der auf dem Boden vor meinem Klassenzimmer lag. Darauf war eine junge Frau abgebildet, die unter der hellen Sonne Kaliforniens mit zwei Kleinkindern auf einer Wiese herumtobte und sichtlich Spaß hatte. Darüber der Slogan *Das wird Dein Jahr!* Ich war von dem Bild wie gefangen. Die strahlenden Farben, diese junge, glückliche Frau und die noch glücklicheren Kinder. Die Sonne, der weite, blaue Himmel – das alles zog mich für einen kurzen Moment aus dem langen, grauen Flur der Schule im tristen Winter meiner Kleinstadt hinein in eine mögliche Realität, die mit meiner eigenen nichts mehr zu tun zu haben schien. Ich überflog die Informationen auf dem Flyer: *Ein Jahr USA, Au-pair, Gastfamilie, Taschengeld* und steckte ihn in meine Jackentasche.

Im Rückblick ist dieser Moment für mich fast magisch. Nie hatte ich darüber nachgedacht, ins Ausland zu gehen. Ich hatte nicht einmal darüber nachgedacht, die Stadt zu verlassen. Zumal mich das kitschige Bild von glücklichen amerikanischen Familien im Fernsehen nie sonderlich beeindruckt hatte. Ich kann nicht mehr sagen, was an diesem einen Stück Papier so besonders war. Aber es sprach eine so tiefe Sehnsucht in mir an, dass ich es nicht einfach liegen lassen oder vergessen konnte.

Zu Hause kramte ich den Flyer aus meiner Jackentasche hervor und stellte fest, dass ich zum richtigen Zeitpunkt am richtigen Ort war. Um Au-pair in den USA zu werden, musste ich innerhalb der nächsten sechs Monate Abitur machen. Ich brauchte eine bestimmte Anzahl an Praktikumsstunden in einer Erziehungseinrichtung, die ich dank eines Praktikums an der Realschule bereits gesammelt hatte. Meine Englischnote war gut genug, und die Organisation übernahm sogar die Kosten für die Flüge. In drei Wochen sollte es eine Infoveranstaltung geben, nicht weit von meiner Heimatstadt. Dort würde ich auch gleich eine kleine Sprachprüfung machen können, die für die Aufnahme notwendig war.

Ich war Feuer und Flamme und wollte dieses Jahr unbedingt machen. Meine Mutter war bei all dem etwas unsicher, aber sie stellte sich nicht quer. Sie fuhr mich dann auch zu der Informationsveranstaltung, auf der ich vor Aufregung und Vorfreude kaum stillsitzen konnte. Die Englischprüfung hatte ich damit auch erledigt, und ich bewarb mich.

Zwei Jahre zuvor war ich bei den Bewerbungen für einen Ausbildungsplatz noch auf Sparflamme gelaufen. Jetzt aber hängte ich mich richtig rein. Jede einzelne Seite des Fotoalbums, das ich für die Gastfamilien anfertigen sollte, bemalte ich aufwendig und gestaltete sie bis ins kleinste Detail aus. Ich sprach meine Englischlehrerin an, die mir half, die Fragebögen auszufüllen und das Anschreiben zu verfassen. Ich war vollends überzeugt davon, dass der Flyer recht haben würde: Das wird mein Jahr! Dann schickte ich die Bewerbung per Post zur Agentur. Und mit dem Warten auf eine Rückmeldung und der Ruhe, die einkehrte, bekam ich kalte Füße.

Die Zweifel begannen an mir zu nagen. Was hatte ich mir dabei gedacht? Wie konnte ich so einen Aufriss machen? Warum sollte ausgerechnet ich mich für auserwählt halten und ein Jahr ins Ausland gehen? Heute scheinen mir diese Gedanken völlig abwegig, doch damals waren sie real. Es beschlich mich ein Gefühl, als hätte ich voll zugegriffen bei etwas, das nicht für mich bestimmt war. Während ich zu Hause in Zweifeln und Ängsten versank, wurde in der Au-pair-Agentur meine Bewerbung für den Versand vorbereitet. Ich bekam die Rückmeldung, dass alles vollständig sei und dass sich vielleicht schon bald eine erste Gastfamilie bei mir melden würde. Jetzt bekam ich richtig Schiss. Ich nahm das Telefon in die Hand, wählte die Nummer der Agentur und sagte alles ab. Meine Bewerbung bitte nicht verschicken, ich will nicht mehr teilnehmen. Nein, wirklich nicht. Warum nicht? Ich habe andere Pläne. Nach dem Telefonat fiel mir ein riesiger Stein vom Herzen. Hierbleiben. Aus der Nummer war ich noch mal gut rausgekommen.

Theoretisch können alle jungen Menschen nach dem Abitur ein sogenanntes Gap-Year in Form eines Auslandsjahres machen. Vorausgesetzt, sie – also ihre Familien – haben die finanziellen Ressourcen. Vorausgesetzt, sie – also ihre Familien – haben das Wissen darüber, wie man ein solches Jahr plant. Vorausgesetzt, sie – also ihre Familien – haben genug emotionale Stärke und Vertrauen in sich und die Welt, um diesen Mut, von zu Hause wegzugehen, aufbringen zu können. Denn dieses »von zu Hause weggehen« ist auch oder sogar besonders schwer, wenn das Zuhause problembehaftet ist. Denn wenn schon die Normalität und Banalität des Alltags so unstetig und unberechenbar sind, wie sieht es erst in der Welt da draußen aus? Das eigene Chaos ist man gewöhnt. Man hat sich darin eingerichtet. Die tiefe Überzeugung, dass es überall chaotisch zugehen muss, aber eben unbekannt chaotisch, bremst den Mut, Neues zu wagen. Nach dem Abitur ins Ausland zu gehen, ist ein Privileg von Menschen mit sozioökonomisch starkem Hintergrund. Es ist in der Regel ein Privileg von Akademiker:innenkindern. Meine Entscheidung, die Bewerbung zurückzuziehen, warf in meinem näheren Umfeld deswegen auch keine Fragen auf. Niemand stellte meinen Rückzieher infrage, niemand hielt mich für feige, niemand versuchte mich zu überreden. Das war ein gutes Gefühl. Frei von Menschen zu sein, die mich ausfragten oder bequatschten, das war angenehm. Es hatte aber offensichtlich auch eine Kehrseite. Schließlich hätte ich drei Jahre zuvor auch nicht mein Abitur gemacht, wenn mein Stiefvater nicht immer und immer wieder auf mich eingeredet hätte. Diesmal hielt er sich heraus. Verständlich. Er war schließlich nicht mein persönlicher Life Coach.

Doch sobald die erste, große Erleichterung verflogen war, schlich sich langsam ein Gefühl der Reue ein. Wie ein Hintergrundrauschen begleitete es mich durch die nächsten Monate, während ich es mit allen Mitteln schönzureden suchte. Gerade hatte ich mein schriftliches Abitur hinter mir, als ich mich an einem Samstagabend in der Diskothek unserer Kleinstadt mit einem neuen Bekannten unterhielt. In den letzten Monaten hatte ich ein paar Abiturient:innen des an meine Gesamtschule angrenzenden Gymnasiums kennengelernt. Gerne hätte ich diese Bekannten »Freunde« genannt, und teilweise verhielten wir uns auch, als seien wir befreundet. Trotzdem war da ständig diese unsichtbare Kluft, die eine wirkliche Freundschaft nicht zuließ.

An diesem Abend in der Diskothek sprachen wir über unsere Pläne nach dem Abitur. Genauer gesagt sprachen wir nur über seine Pläne, weil ich bis dahin noch keine hatte. Er, Lehrerkind, erzählte mir von *Work and Travel* in Australien. Über die Bässe hinweg rief er mir Kopf an Kopf all diese Dinge ins Ohr, die ich eigentlich auch erzählen wollte. Ein bereits gebuchter Flug, eine neue Kamera und riesige Vorfreude. »Richtig Bock!«, schrie er, und ich schaute an ihm vorbei und kämpfte mit den Tränen, während mir plötzlich klar wurde, was ich die letzten Wochen zu leugnen versucht hatte: Ich hatte es versäumt. Ich war so nah dran gewesen und hatte es dann doch versäumt. Wir gingen an die Bar und tranken einen Schnaps auf seinen Plan und noch einen auf uns und dann noch einen auf irgendetwas anderes. Langsam wurde der Schmerz besser, ich heulte trotzdem ein bisschen und zog ihn auf die Tanzfläche, um die Reue, die Scham und die Wut von mir abzuschütteln. Es gelang mir nicht.

Zwei Tage später nahm ich noch einmal den Hörer in die Hand. Ich rief die Agentur an. Fragte, ob ich mich doch noch mal bewerben könnte. Die Frist war längst abgelaufen. Es war mittlerweile Sommer, mein Abitur hatte ich so gut wie in der Tasche, und meine Hoffnung war winzig, dass ich doch noch in die USA könnte. »Wir versuchen es!«, sagte die Frau am anderen Ende der Leitung und genau eine Woche später telefonierte ich mit meiner zukünftigen Gastfamilie aus Washington, D.C. Acht Wochen später saß ich mit einer Packung Taschentüchern, sehr kalten Füßen und sehr großen Zweifeln im Flieger, aber diesmal gab es glücklicherweise kein Zurück.

Hallo Welt

Es muss einiges zusammenkommen, damit Jugendliche wirkliche, nachhaltige Chancen ergreifen können. Ein wachsamer Lehrer, ein sehr gutes Angebot und ein bereits sehr leistungsstarker, ambitionierter Schüler – das war die Kombination, die in Marvins Leben den Unterschied machte. Bei mir waren es ein Mensch, der zuvor an mich geglaubt hatte, ein Zufall und ein Vorbild. Vor allem haben Marvin und ich gemeinsam, dass wir auf einfache Art Kontakt zu der Welt bekamen, von der wir Teil sein wollten. Marvin, weil er auf dem Gymnasium war und dort täglich andere Realitäten sah, mit jenen aus der anderen Welt befreundet war. Ich, weil ich von vornherein nicht ganz so weg von dieser anderen Welt entfernt war und weil sich mein Freundeskreis durch die Entscheidung, Abitur zu machen, neu gemischt hatte. Zuletzt durch meinen Stiefvater, den diese andere Welt ebenso wenig beeindruckte wie abschreckte, der aber begriff, welche Chance in ihr liegt.

Nael hat diese Kontakte nicht. Seine Familie hat andere Sorgen, als sich im Detail damit zu beschäftigen, welche Türen Nael offen stehen. Er ist in einer Schule, er lernt Deutsch, er hat Freunde. Das ist erst mal genug. Nael hat zwar Lehrer:innen, die etwas in ihm zu entdecken meinen und ihn weiterbringen wollen. Ob er das selbst wirklich will, wollen darf und dem gewachsen ist, kann er gar nicht abschätzen. Dass er diese Chance nicht annimmt, hat nichts mit Undankbarkeit zu tun. Es bedeutet nicht, dass er nicht der Richtige dafür ist. Doch ein solches Stipendium, das ich mir gut für Nael vorstellen konnte, ist so losgelöst von allem, was er sonst kennt, dass die Hemmschwelle, sich zu bewerben, riesig ist. Er hat schlicht nicht den Überblick und das Selbstvertrauen, um sich dieser neuen Herausforderung zu stellen.

Kontakt als Schlüssel

Einer, der weiß, worauf es beim Möglichkeiten-Geben ankommt, ist Sagithjan Surendra. Er ist nicht nur selbst Bildungsaufsteiger, sondern auch Gründer des Aelius Förderwerks, einem gemeinnützigen Verein, der Kinder und Jugendliche benachteiligter Haushalte durch ideelle Förderung unterstützt, ihre Ziele zu erreichen und Chancen wahrzunehmen. Der Verein hat unter anderem das Mentoringprogramm »Dialog Chancen« ins Leben gerufen, das Schüler:innen mit Mentor:innen zusammenbringt, die ihnen ein Vorbild sein, sie beraten und begleiten können. Die Mentor:innen sollen ihren Mentees Zugang zu anderen Realitäten gewähren und damit Chancen und Möglichkeiten greifbar machen. Und das ganz ohne Druck, ohne Erwartung. Auf freundschaftlicher Ebene und über Jahre hinweg. Denn die Mentor:innen werden aufgrund unterschiedlicher Kriterien ausgewählt. Wichtig ist, dass sie und ihr Mentee örtlich nicht allzu weit voneinander entfernt wohnen, sodass sie sich treffen können. Aber auch inhaltlich sollten die beiden gut zueinander passen. So hat zum Beispiel die 13-jährige Emily, deren alleinerziehende Mutter sie bei Aelius angemeldet hat, den Schauspieler Jerry Hoffmann zum Mentor und eine Rolle in einem seiner Filme bekommen. Emily, die in der Schule bereits Theater spielen und sich für die Bühne begeistern konnte, hat in Jerry nun einen wertvollen Kontakt zur Schauspielerei und in die Filmbranche. Hier haben Schule und Förderwerk perfekt ineinandergegriffen, sodass Emily von dem Angebot profitieren konnte.

Das, sagt Sagithjan, ist gleichzeitig die größte Herausforderung. Denn Zugang und Kontakt zwischen dem Förderwerk und den Jugendlichen herzustellen, ist hierzulande gar nicht so leicht. Die enge Verzahnung mit den Schulen und der daraus folgende persönliche und enge Kontakt mit den Schüler:innen ist zwar die Voraussetzung für ein erfolgreiches Mentoring. Allerdings sind deutsche Schulen auf eine Zusammenarbeit gar nicht ausgelegt. Menschen wie Sagithjan und seine Mitarbeiter:innen müssen also viele Klinken putzen, um die Möglichkeit zu bekommen, an Schulen zu arbeiten. Wenn sie nicht selbst auf die Suche nach Lehrkräften gehen, die ihr Angebot in die Schulen tragen und dort neben den Anforderungen des Lehrplans integrieren, haben sie kaum eine Chance. Die Strukturen des Schulalltags, die personellen Engpässe und das große, aber unspezifische Angebot an kommerziellen und nicht kommerziellen Workshops erschweren es Schulleiter:innen, derlei Angebote in ihre Schule zu holen. Die Fragen der Finanzierung sind oft ungeklärt, und die Schulleiter:innen tragen die Verantwortung für die Entscheidung, wer in die Schule reingeholt wird, letztlich allein. Das alles sind Hindernisse auf dem Weg zur erfolgreichen Zusammenarbeit. Einfacher wäre es, wenn Schulen Personal für diese Zusatzprogramme bereitstellen könnten. Menschen, die sich darum kümmern, Fördermöglichkeiten für ihre Schülerschaft herauszusuchen, und dann im engen Kontakt mit außerschulischen Organisationen zusammenarbeiten. Dafür braucht es Luft im Lehrplan und ein ehrliches Interesse daran, wo die Interessen und Neigungen der Schüler:innenschaft liegen.

Schule ist viel zu wenig mit anderen Teilen der Gesellschaft verzahnt – das habe ich am Phänomen unzureichender oder fehlender Teilhabe gezeigt. Mit Blick auf Mentoringprogramme wie das von Aelius zeigt sich das Problem noch einmal von einer anderen Seite. Es gibt sie: Menschen, die Mentor:innen, Ansprechpartner:innen, Chancengeber:innen für Jugendliche sein könnten. Es gibt Menschen, die ihre Perspektive teilen und damit den Horizont von Jugendlichen wie meine Schüler:innen erweitern wollen. Aber sie kommen nicht in Kontakt mit den jungen Menschen, weil die passende Infrastruktur fehlt.

Dabei wäre es so wichtig für Schüler:innen wie meine, echte Vorbilder zu haben, die sie erleben, die sie sofort ansprechen und von denen sie sich begeistern lassen können. Bei uns gibt es einige Schüler:innen, die zum Beispiel gerne und gut zeichnen, singen oder tanzen. Da heißt es dann vielleicht »Ich will berühmt werden!« oder »Ich will Modebloggerin sein.« Was dahintersteckt, ist vermutlich dasselbe Bedürfnis, das viele meiner ehemaligen Gymnasialschüler:innen hatten: Sich kreativ ausleben und Teil einer Community sein. Während meine ehemaligen Gymnasialschüler:innen aber nicht selten von ihren Eltern mit wertvollen Kameras, Konzepten und Kontakten gefördert wurden, drehen die Schüler:innen der Brennpunktschulen höchstens Tanzvideos für TikTok und kritzeln Skizzen in ihren Collegeblock, die dann im Chaos ihres Schulranzens versanden und die niemand mehr zu Gesicht bekommt. Vielleicht sprechen sie sogar die ein oder andere Lehrkraft an, die ihnen Kontakte von Mode- oder Musikhochschulen heraussuchen kann. Nicht selten scheitern diese Vermittlungsversuche dann aber an der finanziellen Situation der Eltern. Selbst privilegierte Studierende erfahren, wie schwer es ist, in kreative Branchen hineinzukommen und sich dort auch zu halten.

Wenn junge Menschen aus sozioökonomisch schwächeren Elternhäusern eine reelle Chance bekommen sollen, sich erfolgreich auf unterschiedliche Weisen zu verwirklichen, dann brauchen sie direkte Vorbilder, die sie eng begleiten, denen sie vertrauen, zu denen sie aufschauen, ohne dass auf sie hinabgeschaut wird. Das gilt nicht nur für die Kreativbranche. Die Jugendlichen brauchen Anstöße, wenn sie ihren Lebenszielen näher kommen wollen. Mehr noch: Sie brauchen Anstöße, um konkrete Ziele ins Auge zu fassen. Bei Nael hat mein Anstoß nichts gebracht. Warum? Weil dieser Anstoß aus dem Nichts kam und für ihn ins Nichts geführt hat. Das Stipendium war für ihn, der gerade mal Deutsch gelernt hatte und erst wenige Jahre in Deutschland lebte, zu unkonkret. Unsere Schüler:innen brauchen verlässliche Menschen an ihrer Seite, die ihnen Schritt für Schritt Perspektiven aufzeigen. Mentor:innen zum Beispiel. Diese Menschen müssen wir in die Schulen reinlassen, wir müssen sie einladen und ihnen Zeit und Raum geben, um unsere Jugendlichen kennenzulernen.

KAPITEL 10 – WAS KOSTET GERECHTIGKEIT? – CHANCEN IM GELDBEUTEL

Als meine Freundinnen und ich 13 waren, war »Zocken« eine unserer Lieblingsbeschäftigungen. Nicht etwa das Zocken von Videospielen an der Konsole, sondern das Abzocken von Mascara und Eyeliner bei Schlecker, Haargummis und Trägertops bei H&M, Feuerzeugen und Kaugummis am Kiosk. Wir verabredeten uns zum Klauen und klügelten gemeinsam Strategien aus, wie wir den Kleinkram am besten in Ärmel, Rucksack oder Sockenschaft verschwinden lassen konnten. Ich liebte es. Die kalten Hände, das rasende Herz. Ich fühlte mich beim Klauen, als stünde ich über den Dingen, als wäre ich in diesem Moment in einer Parallelwelt unterwegs. Vielleicht flüsterten mir meine Freundinnen auch deshalb manchmal nervös zu, ich solle nicht übertreiben, wenn ich einen Artikel nach dem nächsten im Jackenärmel verschwinden ließ und keine Anstalten machte, den Laden zu verlassen. Bis heute ist irgendetwas in mir stolz darauf, niemals erwischt worden zu sein, und beim Einkaufen schießt mir manchmal der Gedanke durch den Kopf, wie leicht es doch jetzt wäre, die Dinge einfach verschwinden zu lassen, anstatt sie vorne aufs Kassenband zu legen und zu bezahlen. Dann erinnere ich mich wieder an meine Freundin, die an einem dieser Nachmittage nicht nur ihre kalten Hände und ihr pochendes Herz spürte, sondern auch die schwere Hand des Ladendetektivs auf ihrer Schulter. Er setzte unserem Spiel ein jähes Ende. Aufgrund unserer pubertären Selbstüberschätzung waren wir immer davon ausgegangen, die Ladendetektive zu erkennen und sie an der Nase herumzuführen zu können.

Jetzt, wo meine Freundin erwischt und anschließend zu Hause verprügelt worden war, machte das Spiel keinen Spaß mehr. Wollte ich von nun an neue Schminke haben, legte ich sie aufs Kassenband und bezahlte. Das konnte ich, denn ich bekam Taschengeld. Ich hatte nur aus Langeweile geklaut. Eine Frage, die ich mir aber schon damals stellte, beschäftigt mich noch heute: Was hätte ich getan, wenn ich kein Taschengeld bekommen hätte? Wie wäre ich an all diese Dinge herangekommen? Die Antwort liegt auf der Hand: gar nicht. Oder: Ich hätte weiter geklaut. Was aber tun die Kids, denen nicht nur das Geld für die Mascara oder die neonfarbenen Haargummis fehlt? Denen die Materialliste zum Schuljahresbeginn Herzklopfen bereitet, für die die anstehende Klassenfahrt ein familiärer Kraftakt ist, bei denen der Preis der Deutschlektüre für Bauchschmerzen sorgt?

Vom Mitfahren und Mithalten können

Ich hatte in meinem Referendariat auf dem Gymnasium ein seltsames Erlebnis. Damals waren meine Antennen noch nicht in ständiger Alarmbereitschaft beim Thema Bildungsungerechtigkeit. Vielmehr drängten sich mir in bestimmten Situationen unangenehme Gefühle auf, die ich erst aus meiner heutigen Perspektive einordnen kann: Die Ungerechtigkeit, die ich erlebte, wühlte mich auf. Einmal saß ich bei einem engagierten Kollegen hinten im Klassenzimmer, als dieser nach der Stunde noch kurz mit ein paar Schüler:innen über die Skifreizeit des Sport-Leistungskurses sprach. Es ging um die Kosten und die nötigen Anschaffungen für die Klassenfahrt. Da ich mit dem Sportkurs nichts zu tun hatte, hörte ich nur mit einem Ohr hin. Der Lehrer überlegte laut, ob er noch eine Skihose übrig hätte, und winkte dann ab: »Irgendwoher kriegen wir schon eine, daran wird's nicht scheitern!« Ich wurde hellhörig, denn ich kannte und hasste das Gefühl, nicht die richtige Ausstattung für irgendwelche Outdooraktivitäten zu haben und schon schweißgebadet zu sein, bevor es überhaupt losgeht. Der Lehrer rechnete einzelne Beträge vor. »Alles in allem 590 Euro«, sagte er. »Da sind die Skier dann auch schon dabei.«

Mich beschlich eines dieser ungeten Gefühle. Hier stimmte doch etwas nicht. 590 Euro? Für eine Klassenfahrt? Das konnte ich mir kaum vorstellen. Deswegen fragte ich nach der Stunde noch mal nach. Der Kollege bestätigte, was ich gehört hatte. »Skifahren ist teuer«, sagte er. »Aber es gibt einen Fördertopf für die, die es sich nicht leisten können.« Das waren gute Neuigkeiten, oder?

Ich sah mir den Fördertopf genauer an und stellte fest, dass er ein wichtiges Standbein der Schule ist. Dank des Fördertopfs konnte die Schule eine ganze Menge toller Angebote für ihre Schüler:innenschaft machen. Etwa die Instrumente für die »Bläserklasse«, von der ich im vierten Kapitel erzählt habe, wurden daraus finanziert. Aber auch Freizeiten, Utensilien für AGs und Spielgeräte für den Spielplatz wurden vom Fördertopf mitgetragen. Und eben die Unterstützung finanziell benachteiligter Kinder. Das bunte Schulleben baute also zu einem beachtlichen Teil auf diesen Fördertopf auf. Die Schulgemeinschaft kümmerte sich entsprechend engagiert darum, dass er gefüllt wurde. Füllen konnten den Topf alle, die mochten. Wer Interesse daran hatte, Geld in den Topf zu stecken? Na klar – vor allem die Eltern, die ihre Kinder auf diese Schule schickten.

Schulen, deren Elternschaft zu einem großen Teil aus gut verdienenden Akademiker:innen besteht, haben naheliegenderweise sehr gut gefüllte Fördertöpfe. Ich finde es absolut richtig, dass solche Schulen die Finanzkraft ihres Fördertopfes nutzen und ihn pflegen. Das spricht für das große Engagement der Schule und ihr Bemühen, das Beste für ihre Schüler:innenschaft herauszuholen. Es ist dennoch ungerecht, dass die Größe der Fördertöpfe über die Qualität des Schullebens entscheidet. Denn Klassenfahrten, AGs oder Spielgeräte sollten allen Kindern und Jugendlichen gleichermaßen zur Verfügung stehen. Es darf nicht sein, dass die Stabilität der finanziellen Ausstattung einer Schule vom sozialen und finanziellen Engagement der Eltern abhängt.

Zu Hause in Leverkusen, Rheindorf Nord

Was bedeutet es für ein Kind, auf Gelder aus einem Fördertopf angewiesen zu sein? Wie viel Entlastung bringt er wirklich? Wie nett ist eigentlich der Lehrer, wenn er seine private Skikleidung an seinen Schüler verleiht, und was sagt es über das Bildungssystem, dass das die Lösung sein soll? Um das zu verstehen, habe ich meine Unsicherheiten und meine unsortierten Gefühle mit zu Marvin genommen. Er hat mir erzählt, wie es ist, als Kind aus einem finanzschwachen Haushalt in Deutschland zur Schule zu gehen.

Der Stadtteil Rheindorf in Leverkusen teilt sich in Rheindorf Süd und Rheindorf Nord. Marvin ist in den Neunzigerjahren im nördlichen Teil groß geworden. Dieser gilt wegen des hohen Anteils an Menschen mit Migrationshintergrund und der schwachen Sozialstruktur als »sozialer Brennpunkt«. Marvin erzählt, dass er als Kind nigerianischer Eltern hier nicht auffiel. Fast alle Kinder hatten einen Migrationshintergrund und spielten gemeinsam in den Straßen zwischen den Betonklötzen. Er beschreibt eine ausgelassene, glückliche Zeit. »Ein Viertel mit sehr vielen Spielgefährt:innen und sehr viel Leben.« Dieses Leben der Kinder fand hauptsächlich auf den Straßen statt, weil der einzige Spielplatz des Stadtteils aus einer Rutsche und einem kaputten Klettergerüst bestand, das bis zu Marvins Wegzug nicht repariert wurde.

Er musste erwachsen werden, um die Perspektivlosigkeit des Viertels zu erkennen. Die vielen gesellschaftlichen Vorurteile, die sich in Rheindorf Nord, laut Marvin, »irgendwann verselbstständigt haben und irgendwie auf eine Art und Weise wahr geworden sind«. Wenn Marvin heute seine Mutter in Rheindorf besucht, dann sieht er auch seine alten Freund:innen wieder. Viele sind arbeitslos und lassen sich immer noch durch die Straßen von damals treiben – damals wie heute ohne Ziel, ohne Angebot. Marvin sagt, »dem Viertel wurden die Möglichkeiten genommen, etwas aus sich zu machen«. Deswegen hat er Rheindorf Nord mit 19 Jahren hinter sich gelassen und sich auf einen unbekannten Weg begeben, der nichts mehr mit seinem alten Leben gemeinsam hatte.

Den ersten Schritt in diese andere, unbekannte Richtung ging Marvin aber viel früher, nämlich nach der vierten Klasse. Dass er auf dem Gymnasium landete, verdankt er dem Einsatz seiner Mutter. Marvins Grundschullehrerin wollte ihm die Gymnasialempfehlung nicht geben – trotz seiner durchweg sehr guten Noten. Sein Notenbild konnte eine andere Empfehlung als die fürs Gymnasium aber nicht rechtfertigen – und so fällt es schwer, nicht davon auszugehen, dass seine Herkunft und die damit verbundenen Vorurteile die Lehrerin davon abhielten, ihn fürs Gymnasium zu empfehlen.

Dem zehnjährigen Marvin war das ziemlich egal. Er freute sich darüber, weiterhin mit seinen Freund:innen zur Schule gehen zu können. Es war Marvins Mutter, die schließlich die Gymnasialempfehlung beim Direktor erwirkte.

»Meine Mutter hat damals erfolglos die Kämpfe mit meiner Grundschullehrerin ausgetragen und sich daraufhin mit dem Schulleiter in Verbindung gesetzt. Sie hat das rassistische Verhalten meiner Klassenlehrerin als solches benannt und sich stark dagegen gewehrt.« Marvins Mutter kannte ihre und die Rechte ihres Sohnes und forderte sie ein. Damals hatte sie nur ihre Stimme und ihre Überzeugung, die sie dem Schuldirektor entgegensetzen konnte. Heute könnte sie es den Akademiker:inneneltern gleichtun und mit ihrem Anwalt drohen. Denn ihr Sohn ist mittlerweile Volljurist.

Hohe Schulform, niedriger Kontostand

Zwar konnte Marvin noch nicht abschätzen, was es für ihn bedeutet hätte, nicht aufs Gymnasium zu gehen. Er hatte aber schon früh eine Ahnung davon, dass auf dem Gymnasium andere Regeln gelten würden als die, die er von seinen Freund:innen aus Rheindorf Nord gewöhnt war. Hier war es egal, ob die Eltern zusammen oder getrennt lebten, arbeiteten oder arbeitslos waren. Es war egal, ob ein Kind Urlaub machte oder zu Hause blieb und ob es zwei oder kein Paar Sneaker hatte. Geld spielte in seiner vierköpfigen Familie trotzdem ständig eine Rolle, auch ohne Gymnasium. Die Gelegenheitsjobs und das Arbeitslosengeld der Mutter konnten die vierköpfige Familie nicht annähernd zufriedenstellend über die Runden bringen. Ihr Alltag glich einem ständigen Mangelmanagement. Marvins Ahnung bestätigte sich schon bald. Auf dem Gymnasium schien »Geld haben« nicht nur eine Selbstverständlichkeit, sondern sogar eine Voraussetzung zu sein. Man brauchte es einfach, wenn man Schüler:in dieser Schule war. Hatte man es nicht, war das ein echtes Problem. Kein Wunder also, dass der Beginn des neuen Schuljahres direkt mal »der Horror« war, wie Marvin heute sagt.

»Am ersten oder zweiten Tag kam ich mit einer Liste von unseren Lehrer:innen nach Hause, mit den ganzen neuen Dingen, die angeschafft werden sollten. Lektüren für den Deutschunterricht, Atlanten, Taschenrechner, Zirkel. Meine Mutter hat dann teilweise versucht, bei Ebay alte Bücher zu bekommen, die aber von meiner Schule nicht akzeptiert worden sind.«

Ich habe mich schon oft mit Marvin über seine Vergangenheit unterhalten. Aber die Vorstellung, wie sich seine Mutter Anfang der 2000er-Jahre durchs Internet scrollt und nach gebrauchten Schulbüchern Ausschau hält, schockiert mich immer noch. Und als wäre es nicht schlimm genug: Heute, zwanzig Jahre später, könnte diese Szene noch genauso stattfinden. Nur dass die Mutter nun wahrscheinlich nicht mehr in ein Internetcafé gehen müsste, um Ebay zu durchforsten. Das ist aber auch der einzige Fortschritt – und der hat leider nichts mit unserem Bildungssystem zu tun.

Marvin war jetzt nicht nur das einzige Schwarze Kind und eines der wenigen mit Migrationshintergrund in seiner Klasse. Marvin war nun auf dem Gymnasium auch das einzige Kind, das »um Almosen betteln muss«. So empfand er es, wenn er wieder einmal auf den Lehrer zugehen und um einen Antrag bitten musste, damit ihm Geld aus dem Fördertopf gewährt wurde. Geld dafür, dass er die Dinge machen konnte, die die Schule verlangte. Marvin erzählt, dass er Bauchschmerzen bekam, wenn Klassenfahrten oder Ausflüge anstanden. »›Bringt in drei Tagen 200 Euro mit!‹, hieß es. Wenn wir aber 450 Euro im Monat zum Leben haben, kann ich nicht 200 Euro mitbringen.« Der 11-jährige Marvin fing also an, sich Ausreden einfallen zu lassen. »Ich bringe das Geld morgen mit, ich habe es vergessen.« So lange, bis es sich nicht mehr aufschieben ließ und er zugeben musste, das Geld dafür einfach nicht zu haben. Etwa die Hälfte der Kosten wurden im besten Fall nach einem Antrag auf Fördermittel übernommen. Trotzdem blieben bei einer Klassenfahrt noch 200 Euro übrig, die Marvins Mutter stemmen musste.

Sie hat es ihm trotzdem ermöglicht.

Ich wiederum saß fast zwanzig Jahre später hinten im Klassenzimmer meines Gymnasiums und suchte nach dem Fehler. Nach dem Missverständnis. Aber da gab es kein Missverständnis. Wäre Marvin heute Schüler, hätte er und seine Familie wieder genau die gleichen Bauchschmerzen. Vielleicht hätte es nicht gereicht und Marvin hätte »krankmachen« müssen. Wie so oft, wenn seine Klasse Ausflüge in den Freizeitpark unternahm. Oder wenn zu viele Kindergeburtstage auf einen Monat fielen.

Erst mit dem Stipendium entspannte sich die Lage ein wenig. Marvin war damals in der neunten Klasse. Die monatlichen 100 Euro Bildungsgeld steckte er vor allem in Schullektüren, in Bücher und Kulturveranstaltungen. »Ich konnte das erste Mal entscheiden, was ich mache. Anders als davor, als ich gezwungen war, im Rahmen der begrenzten Möglichkeiten, die unsere finanzielle Situation mir bot, irgendwie durchzukommen und immer abhängig von der Gunst anderer zu sein.«

Diese Freiheit, von der Marvin spricht, beschreibt die Journalistin Anna Mayr in ihrem Buch *Die Elenden: Warum unsere Gesellschaft Arbeitslose verachtet und sie dennoch braucht* als »Antithese zu der Armut, die Hartz IV verursacht«.[16] Kinder erwerbsloser El-

---

16 Anna Mayr: Die Elenden, Berlin 2021, S. 134

tern, betont sie, wünschen sich vor allem eins: ihr Leben selbst zu gestalten. Eigene Entscheidungen zu treffen. Ein Gefühl, so selbstverständlich, dass seine Abwesenheit kaum vorstellbar ist. Zumindest nicht für jemanden wie mich, für die Geld zwar nie im Übermaß, aber dennoch immer ausreichend zur Verfügung stand, um einen Handlungsspielraum zu haben. Um Haargummis und Mascara zu kaufen. Um auf Klassenfahrt zu gehen.

Es ist (zu) kompliziert

Die Selbstverständlichkeit, mit der teure Aktivitäten an Gymnasien geplant werden, ist mir ein Rätsel. Ja, es ist es gut und wichtig, dass die Schulen ihren Schüler:innen Zugang zu besonderen Erlebnissen ermöglichen. Aber selbst wenn am Ende alle Kinder teilnehmen können – sei es durch riesige private Einschränkungen oder mithilfe einer Förderung –, kann es doch nicht die Lösung sein, dass die Schulen und ihre Jugendlichen dabei auf Spenden angewiesen sind. Als hätten es Kinder aus finanzschwachen Elternhäusern nicht schon schwer genug, legt ihnen das Bildungssystem in ihrer Schullaufbahn Steine in den Weg, statt ein sicherer Ort für sie zu sein.

Was wünschen wir uns für unsere Kinder? Wollen wir ihnen die Möglichkeiten geben, etwas von der Welt zu sehen, Spaß zu haben, ihren Horizont zu erweitern? Ja, ganz bestimmt! Wollen wir diese Möglichkeit allen Kindern, unabhängig ihrer sozialen Herkunft geben? Wie soll man anders auf diese Frage antworten als ebenfalls mit: Ja! Wer aber diese beiden Fragen bejaht, wird unweigerlich auf die nächste Frage kommen: Wie finanzieren wir diese Unternehmungen?

Die Antwort kann hier nicht »über die Eltern« lauten. Doch genau diese Antwort gibt unsere Bildungspolitik. Sie ignoriert konsequent den Fakt, dass nicht alle Eltern das Geld dafür haben, ihren Kindern die Teilhabe am Schulleben zu ermöglichen. Die zähen Diskussionen über die Kindergrundsicherung, deren Notwendigkeit sogar von einigen Politiker:innen grundsätzlich in Zweifel gezogen wird, zeigen deutlich, dass das Thema Kinderarmut in der Politik immer noch nicht ausreichend ernst genommen wird.

Raus aus der Kinderarmut, rein in die Erwachsenenarmut

Kinder, die in Armut leben, gestalten ihr Leben anders als Kinder, die in privilegierten Familien aufwachsen. Der sogenannte Bildungstrichter hat sich in den vergangenen Jahren kaum verändert: Von 100 Kindern von Akademiker:innen gehen etwas mehr als 70 an die Uni. Von 100 Kindern aus nicht-akademischen Haushalten sind es gerade mal um die 20.

Eines möchte ich an dieser Stelle noch einmal betonen: Es geht bei solchen Gegenüberstellungen nicht darum, dass ein Studium an der Universität das einzig Wahre ist. Es geht vielmehr darum, dass es augenscheinlich große Unterschiede in der Lebensgestaltung gibt und dass diese Unterschiede mit der sozialen Herkunft zusammenhängen. Das ist erst einmal weniger eine Wertung als eine Feststellung. Allerdings ist es diese Art von Feststellung, die einige Fragen rund um das Thema soziale Gerechtigkeit aufwirft. Und deswegen ist es wichtig, sich diese Statistiken im Kontext Bildungsgerechtigkeit vor Augen zu führen. Neben den harten Faktoren – Grundschulempfehlungen, fehlende finanzielle Mittel für benötigtes Material, Nachhilfe und daraus folgende schlechten Noten, und vielerlei mehr – gibt es noch eine Menge subtilerer Faktoren, die bewirken, dass es Kinder aus sozioökonomisch schwachen Milieus auf der Bildungsleiter längst nicht so weit nach oben schaffen wie ihre privilegierten Mitstreiter:innen.

Mangelmanagement

Der Begriff »Mangel« beschreibt, im Unterschied zum selbst gewählten Verzicht, dass das Leben in Armut unfreiwillig ist. Es ist nicht einfach nur wenig, es ist zu wenig. Es mangelt. Und dieser Mangel, dieses Zu-wenig, ist so allumfassend, so stark und einnehmend, dass er das ganze Leben bestimmt. Mangel, das heißt, es bleibt nicht bei einer Sache, die jemand sich nicht kaufen kann, es bleibt nicht bei dem punktuellen Verzicht. Der Mangel ist vielmehr ein Grundzustand, ein Hintergrundrauschen, das Familien durchgehend begleitet, ihre Stimmung drückt, sie tief belastet.

Kinder, die ihr Leben im Zustand des ständigen materiellen Mangels leben, entwickeln einen besonderen Umgang damit. Eine Art Strategie, um den Alltag zu bewerkstelligen. Diese Strategie unterscheidet sich nicht nur grundsätzlich von der wohlhabender Kinder. Sie führt sehr wahrscheinlich auch dazu, dass sich das Leben in Armut fortsetzt, weil die Kinder den Umgang damit beherrschen. Weil sie sich darin zu Hause fühlen.

Menschen, die in Armut aufgewachsen sind, haben gelernt, nach bestimmten Entscheidungsmustern zu handeln. Diese Entscheidungen zielen darauf ab, die Folgen vollständig im Blick zu haben, und sind deswegen immer kurzfristiger Natur. Der Mehrwert der Entscheidungen muss unmittelbar erkennbar sein und zu direktem Erfolg führen.[17] Ergebnisse von solchen akuten Entscheidungen sind immer Lösungen von kurzer Dauer. Wie bezahle ich das nächste Ticket für die U-Bahn? Wo bekomme ich heute ein günstiges Mittagessen her? Wie komme ich an einem heißen Tag zu meinen Freundinnen ins Schwimmbad, ohne bezahlen zu müssen?

Weiter zu denken, macht keinen Sinn, wenn nicht mal sicher ist, dass die Grundbedürfnisse befriedigt werden können. Das bedeutet für Kinder und Jugendliche auch, dass sie sich keine Gedanken darum machen können, welche langfristigen Optionen sie haben. Etwa nach dem Schulabschluss. Sie können sich auch keine Zeit für ein Auslandsjahr nehmen oder ein Studium anfangen und wieder abbrechen. Sie brauchen schnelle, überschaubare Lösungen.

Entscheidungen, die getroffen werden, um einen akuten Mangel zu bekämpfen, können keine Entscheidungen für Selbstverwirklichung und sozialen Aufstieg sein. Nicht ohne Grund entscheiden sich Schüler:innen aus finanzschwachen Elternhäusern trotz guter Noten und dem Potenzial für einen höheren Bildungsabschluss sehr häufig für die mittlere Reife und eine Ausbildung. Sie wollen (oder müssen) schnell Geld verdienen. Ihr Handeln muss greifbar werden, einen direkten Nutzen haben.

Kein Geld, keine Bücher, keine Ahnung

Auch Marvin kennt die Notwendigkeit, sich auf kurzfristige Lösungen zu konzentrieren. Er erinnert sich an die ersten Monate seines Studiums. Wie damals in der fünften Klasse lag sein Fokus nicht

---

17 Aladin El-Mafaalani, Mythos Bildung, S. 126

auf den fachlichen Inhalten, die komplex und umfangreich genug waren. Nein, Marvin musste sich mit 50 Euro über den Monat retten, weil die Bearbeitung seines Bafög-Antrags ein halbes Jahr dauerte. »Ich hatte wieder kein Geld für die Lehrbücher, ich konnte sie mir einfach nicht kaufen.« Wenn Marvin das erzählt, ist er immer noch fassungslos.

Es war ein Spagat, den er machen musste. Einerseits das kurzfristige Mangelmanagement vollziehen. Andererseits ein langfristiges Ziel verfolgen, ein Ziel individueller Art, das unendlich viel Selbstdisziplin, Fokus und auch Wissen erforderte. Wissen um die neue Welt, in der er jetzt war, die Welt der Jura-Studierenden. Nach drei Monaten an der Uni bekam er endlich seine erste Bafög-Zahlung. Und das, obwohl er bereits drei Monate vor dem Start des Semesters den Antrag gestellt hat.

Ich habe im Studium selbst Bafög bekommen und kann diese Erfahrung nur bestätigen. Die Bearbeitung der Anträge dauert tatsächlich unglaublich lang. Mir kam es oft so vor, als gingen die Bafög-Mitarbeiter:innen davon aus, den Studierenden einen Extrabonus zu geben. Ich bin mir unsicher, ob sie wissen, dass die große Mehrheit der Bezieher:innen auf das Geld wirklich angewiesen ist. Trotz Bafög konnte Marvin sein Studium nur durch ein zusätzliches Stipendium finanzieren, das er glücklicherweise am Ende des ersten Semesters bekam.

Nicht nur das fehlende Geld war eine Herausforderung. Marvin beschreibt auch, dass er mit großer Selbstverständlichkeit und sehr eng in die Angelegenheiten seiner Herkunftsfamilie eingebunden war. Die Verantwortung für seine Mutter und seine Geschwister hat er zwar einerseits gerne übernommen. Andererseits bedeutete es eine große zusätzliche Anstrengung für ihn, die seine Kommiliton:innen nicht zu kennen schienen.

Mit diesem Druck ist Marvin nicht allein. Denn die Situation, in der er sich wiederfand, ist typisch für soziale Aufsteiger:innen mit Migrationshintergrund. Auf der einen Seite stehen die hohen Erwartungen des Elternhauses, auch wenn diese in der Regel nicht kommuniziert, ja, nicht mal bewusst gedacht werden. Die Hoffnung, dass das Kind es zu mehr bringt als die Eltern, der Stolz, das Kind *da oben* zu sehen, spüren die jungen Menschen, die sich selbst zwischen den Welten bewegen. Marvin bestätigt das. Er sagt, dass seine Familie ihn nie absichtlich unter Druck setzte. Er selbst hatte dennoch große Erwartungen an sich selbst und wahnsinnige Angst zu scheitern: »Dadurch, dass ich der Erste und Einzige war, der dieses riesige Privileg hatte, zu studieren, einen angesehenen Job zu bekommen und mal viel Geld zu verdienen, empfand ich einen riesigen Druck. Ich wusste: Wenn ich scheitere, dann scheitert meine ganze Familie.«

Neben den hohen Erwartungen an den Bildungsweg oder die berufliche Karriere des Kindes steht auf der anderen Seite der dringende Wunsch nach einem starken familiären Zusammenhalt und die Erwartung, dass die Belange der Familie weiterhin an erster Stelle stehen. Viele Kinder mit Migrationshintergrund eint, dass ihre Eltern von ihnen eine große Loyalität zur eigenen Herkunft und zur Familie erwarten. Diese sehr enge Beziehung zur Familie und die ungebrochene Loyalität zur eigenen Herkunft steht den Erwartungen, es in dieser anderen Welt zu etwas zu bringen, häufig gegenüber.

In *Das Integrationsparadox* beschreibt El-Mafaalani diesen Widerspruch als gleichzeitiges Schubsen und Ziehen der Eltern an ihren Kindern: »Die Kinder werden von den Eltern geschubst, »werde erfolgreich, wohlhabend, anerkannt«, und sie werden von den Eltern gezogen, »bleib, wie wir sind, bleib bei uns, bleib deiner

Herkunft treu«.[18] Diesen Widerspruch auszuhalten und beiden Seiten gerecht zu werden, ist ein Kraftakt, an dem nicht wenige Studierende scheitern und in der Konsequenz ihr Studium abbrechen.

Was sich ändern muss

Es ist traurig, dass Kinder in einem reichen Land wie Deutschland unter der finanziellen Situation ihrer Eltern leiden, sich an ihrer eigenen Schule fremd fühlen, Scham und Rückzug erleben müssen. Es ist beschämend, dass das deutsche Bildungssystem zulässt, dass Schulen in einem Kraftakt Gelder eintreiben müssen, um ihren Schüler:innen Teilhabe ermöglichen zu können. Damit tut es nichts anderes, als diese Kinder an den Rand der Gesellschaft zu drängen, sie auszugrenzen und bloßzustellen. Die Mitte der Gesellschaft ist aber der Ort, an den Kinder gehören. Und zwar alle Kinder. Geschützt und umgeben von Menschen, die das Beste für sie wollen und ihnen die Welt zeigen.

Wir dürfen es nicht von der Fülle des Schulfördertopfes abhängig machen, wo unsere Kinder stehen und was sie sehen dürfen. Dem Land sollten seine Kinder alles wert sein, und es muss dafür garantieren, dass jedes Kind genug bekommt. Dass kein Kind wegen eines leeren Geldbeutels abgehängt wird. Das darf einfach nicht sein. Wenn Schule vorsieht – und das sollte sie –, dass Klassenfahrten und Ausflüge stattfinden, dass verschiedene Lektüren gelesen werden und Musik gespielt wird, dann müssen die notwendigen

---

18 Aladin El-Mafaalani: Das Integrationsparadox. Warum gelungene Integration zu mehr Konflikten führt, Köln 2018, S. 207

Mittel dafür für alle Kinder selbstverständlich zur Verfügung stehen. Dann reden wir nicht von Fördertöpfen, sondern von einem ausreichenden Budget, das schlicht und ergreifend da ist. An ausnahmslos allen Schulen. Und damit finanzieren sich die Schulen ihr Schulleben, sodass alle teilnehmen können. Das sollte nicht weniger als die Basis sein. Darüber hinaus brauchen wir niedrigschwellige Stipendien und finanzierte Mentor:innenprogramme für Kinder aus sozioökonomisch schwachen Elternhäusern. Das würde einer gerechten Verteilung nahekommen und nicht das Verlassen auf den einen Lehrer, der seine Skihose verleiht.

Ich kenne übrigens mehrere Kolleg:innen, die einzelnen Schüler:innen schon häufiger Wandertagsausflüge zum Freizeitpark, ins Kino oder ins Museum aus privater Tasche gezahlt haben. Aus dem einfachen Grund, dass diese Schüler:innen sonst nicht hätten teilnehmen können, weil eine Schule wie unsere keinen üppigen Fördertopf hat.

Happy End?

Marvin konnte die Armut in Leverkusen-Rheindorf hinter sich lassen – anders als die Nachbarskinder, mit denen er seine Kindheit verbrachte. Deswegen ist seine Geschichte ermutigend und inspirierend. Ihm ist etwas nahezu Einzigartiges gelungen: Stipendium, Einser-Abitur, erstes und zweites Jura-Staatsexamen. Ein Happy End vielleicht. Doch der Fokus auf das reine Ergebnis hält den ebenso toxischen wie hartnäckigen Mythos eines durchlässigen Bildungssystems aufrecht.

Und deswegen ist Marvins Geschichte auch deprimierend. Sie wirft ein fragwürdiges Licht auf unser Schulsystem und auf uns als

Gesellschaft. Sie macht deutlich, wie aus der prekären Lage des Elternhauses eine Abwärtsspirale aus Ängsten, Zweifeln und Scham für Kinder werden kann. Sie verdeutlicht, was es mit einem Kind macht, wenn sich in seinem Schulalltag klassistische und rassistische Strukturen die Hand geben. Und Marvins Geschichte zeigt uns einmal mehr, wie Bildungsgerechtigkeit in Deutschland funktioniert: Die meisten, die unten starten, bleiben auch dort. Und wenn es doch einmal jemand nach oben schafft, wird sein Gesicht zum Aushängeschild für eine Lüge. Die Lüge, dass es alle schaffen könnten.

AUSBLICK – CHANCEN SIND FÜR ALLE DA!

Wenn ich als Kind rücklings auf unserem grünen Wohnzimmerteppich lag und mich in die Stille und unendliche Dauer des Nachmittags fallen ließ, drängte sich mir immer wieder eine Frage auf: Könnte ich durch ein Fingerschnipsen schmerzlos und auf der Stelle sterben, würde ich es tun? Meine Antwort war stets: Ja. Irgendetwas in mir wusste aber, dass dieser Gedanke keiner war, den ich in die Welt hinausschreien sollte. Deswegen blieb er mein Geheimnis, eine Art gedankliche Notlösung. Die verlockende Frage und meine heimliche Antwort darauf begleiteten mich seit dem Tod meines Vaters durch die leeren Tage, in denen die Sucht meiner Mutter unseren Alltag bestimmte. Sie begleiteten mich durch die Grundschule, in der meine Lehrerin mein Chaos und meine nervösen Beine verurteilte. Sie begleiteten mich durch meine Jugend, in der ich geprägt von der Kälte der vergangenen Jahre wie unterkühlt und gleichzeitig mit brennender Wut durch meine Kleinstadt zog. Immer waren sie da, wie ein unzertrennliches Liebespaar. Die Frage und die Antwort. Würdest du? Ja!

Mit 19 saß ich dann in Washington, D.C. auf dem Rand eines Stadtbrunnens, ein Eis in der Hand, eine neue Sonnenbrille auf der Nase, und neben mir saß jemand, den ich als Freund bezeichnen konnte, und rauchte seine Zigarette. Da ploppte plötzlich unerwartet die Frage auf, als wollte sie sich vergewissern, dass zwischen mir und ihr alles in Ordnung war. Ich war in diesem Moment überrascht, ewig hatte sie sich nicht blicken lassen. Da merkte ich: Mit uns ist es nicht mehr das, was es mal war. Wir haben uns auseinandergelebt. An diesem Punkt meines Lebens sah ich so viele Möglichkeiten, die ich noch nicht ergriffen hatte. Das Fingerschnipsen kam mir vor wie die denkbar schlechteste von ihnen. Es gab nicht mehr den grünen Wohnzimmerteppich, in dem ich versinken wollte. Nicht die Matheaufgabe, an der ich verzweifelte. Nicht den immergleichen Bus, der mich zum immergleichen Platz brachte, an dem ich rauchte oder klaute oder mich langweilte. Stattdessen gab es die Perspektive auf eine Zukunft, die ich gestalten konnte. In der ich Entscheidungen treffen durfte und wollte. Auf diesem Rand des Brunnens fühlte ich die Zugehörigkeit zur Welt, ich fühlte mich willkommen in ihr. Das erste Mal hatte ich richtig zugegriffen. Ich hatte einen guten Abschluss gemacht, ich hatte mich für ein Auslandsjahr beworben und dabei gesagt, was ich konnte und was ich mir wünschte.

»Nein«, antwortete ich und schob verstohlen meine Brille hoch. Die Frage zuckte mit den Schultern, ging und kam nie wieder. Seitdem gehe ich durch mein Leben und weiß, dass ich hier sein will. Ich halte es fest, ich fülle es aus. Ich stolpere noch oft, und manchmal komme ich aus dem Takt, weil ich zurückschaue. Aber ich sehe die vielen Möglichkeiten, die mein Leben bietet, sehe sein Potenzial. Die bunten Farben, die unterschiedlichen Töne und die vielen offenen Türen, durch die ich rein- und aus denen ich rausgehen darf. Frei und selbstbestimmt.

Dass ich an diesen Punkt gekommen bin, verdanke ich einem Konglomerat aus Privilegien, Resilienz und den Begegnungen mit bestimmten Menschen. Hier könnte meine Geschichte enden. Vielleicht ist das einfach so. Dass das Leben ein einziger Zufall ist. Die einen haben Glück, die anderen Pech und die meisten von beidem ein wenig. Sicherlich steckt darin ein Funken Wahrheit. Das Leben bleibt immer unvorhersehbar, es lässt sich nicht alles planen. Und doch müssen Privilegien, Resilienz und Unterstützung kein Glücksfall bleiben. Wir können dem Zufall auf die Sprünge helfen, indem wir einen verlässlichen Raum öffnen, in dem alle Platz haben, sich sehen können und voneinander profitieren dürfen. Einen Platz, an dem sich Berührungsängste abbauen und Gemeinsamkeiten zeigen. Der Unterschiede nicht nur aushält, sondern wertschätzt. So ein Ort hat mir in meiner Kindheit und Jugend gefehlt, dabei wäre er so naheliegend gewesen. Denn so ein Ort kann Schule sein.

Die Schule ist (k)ein schöner Ort

Zehn Jahre nachdem ich auf dem Rand des Stadtbrunnens mit der Frage nach dem Fingerschnipsen Schluss gemacht hatte, unterstellte ich einem Hauptschüler in einer Diskussion über sein Verhalten: »Du machst nur, was du willst!« und er entgegnete mir: »Dann wär' ich nicht hier!« Seine floskelhafte Antwort blieb den Rest des Tages an mir kleben, und ich fragte mich: Warum wollte er eigentlich nicht hier sein? Warum habe ich selbst die Schule, zumindest von der ersten bis zur zehnten Klasse, gehasst? Die Antwort liegt auf der Hand und tut trotzdem ein bisschen weh, vor allem, wenn man Lehrer:in ist: Die Schule ist kein schöner Ort.

Schule kann schön sein, wenn sie teure Klassenfahrten anbietet und ich das Geld habe, um mitzufahren. Schule kann schön sein, wenn ich nicht das Gefühl habe, dass Vormittag und Nachmittag zwei völlig verschiedene Welten sind und ich mich auf den Unterricht konzentrieren kann, weil mein Zuhause ein sicherer Ort ist.

Schule kann schön sein, wenn ich bei der Abschlussfeier einen kleinen Auftritt habe, bei dem meine Eltern mich beklatschen und bestaunen. Für Schüler:innen, auf die all das nicht zutrifft, scheint die Ohnmacht, die Wut und die Lethargie allzu oft wie beim Pingpongspiel von allen Seiten zurückzukommen. In Form von Beleidigungen, schlechter Stimmung, schlechten Noten und Strafarbeiten. Vonseiten der Mitschüler:innen, die es nicht anders kennen, und vonseiten der Lehrer:innen, die sich nicht anders zu helfen wissen.

Wie sollen diejenigen Jugendlichen, die neben dem ganz natürlichen Hormonchaos auch noch das häusliche Chaos ausbalancieren müssen, ihren eigenen Weg finden? Die Noten sammeln, die für einen guten Abschluss nötig sind? Die vielseitigen Erfahrungen machen, die ihnen zeigen, wohin sie wollen? Wie sollen sie lernen, sich selbst zu organisieren? Wie wieder aufrappeln, wenn sie gescheitert sind? Das alles ist in einer Schule, die darauf aufbaut, dass die Eltern ihre Kinder emotional, sozial und finanziell voll ausstatten, nicht möglich. Das alles ist nicht möglich, wenn von Lehrer:innen weiterhin der Spagat zwischen Wissensvermittlung und Sozialarbeit verlangt wird. Es ist nicht möglich, wenn wir Kinder, die kaum in der Schule angekommen sind, in gut und schlecht sortieren und sie damit in eine ganz bestimmte Richtung lenken.

Trotzdem funktionieren die Schulen hierzulande genau so. An Haupt- und Realschulen, die die abgehängten Kinder nicht weiter »aussieben«, sondern »auffangen«, hat man den Status quo aus Mangel an Alternativen akzeptiert. Dort geben engagierte Lehrkräfte tagtäglich ihr Bestes und vor allem: nicht auf. Trotz schlechter Ausstattung, enormen pädagogischen Herausforderungen und viel zu vieler Schüler:innen, die sie Jahr für Jahr mit schlechten oder mittelmäßigen Hauptschulabschlüssen in eine Welt entlassen, in der es keinen Platz für diese jungen Menschen gibt. Währenddessen werden die Schulen vertröstet. Die Mühlen der Bildungspolitik mahlen sehr, sehr langsam. Das führt dazu, dass scharenweise Jugendliche die Schule abschließen, ohne danach einen Handlungsspielraum zu haben. Sie kehren dahin zurück, wo sie hergekommen sind: in ein fremdbestimmtes Leben.

Wo beginnen?

In diesem Buch ging es um marode Klassenzimmer, Langeweile und ungesunde Getränke. Um Schlägereien, Beleidigungen, Papierstau. Um Isolation, Ausgrenzung und Scham. Das alles ist Schule. Es ging in diesem Buch aber auch um Freundschaft, Loyalität und gute Witze. Um glückliche Zufälle, gute Noten und Unterstützung. Um Zusammenhalt und Perspektiven.

Auch das ist Schule.

Schule kann und sollte kein Ort der puren Harmonie, der vollkommenen Einigkeit werden. Zoff, Unstimmigkeiten, Krisen – das kommt in den besten Familien vor. Aber eins muss Schule immer wollen: das Beste. Das Beste für ihre Schüler:innen und ihre Mitarbeiter:innen. Wir dürfen uns nicht mit dem ewigen Provisorium zufriedengeben. Denn das Beste für Kinder und Jugendliche zu wollen, bedeutet, das Beste für unsere Gesellschaft, für unsere Zukunft und letztendlich das Beste für uns selbst zu wollen. Wenn sich also eine Investition lohnt, dann ist es die Investition in Schulen und in die Kinder und Jugendlichen, die sie besuchen.

Viele Menschen haben das in den vergangenen Jahrzehnten erkannt, und auch die Politik hat reagiert und zahlreiche Reförmchen angestoßen. Digitale Pilotprojekte, die Etablierung von Gesamtschulen, Gemeinschaftsschulen und Ganztagsschulen, G8 und doch wieder G9. Es ist einiges passiert. Leider haben diese Mikroreformen häufig nicht zu mehr Gerechtigkeit geführt, sondern im Gegenteil zu mehr Ungerechtigkeit. Denn auch in kleine Reformen fließt Geld, Zeit und Aufmerksamkeit. All diese Versuche, etwas zu ändern, sind jedoch lediglich Versuche, das marode System zu kitten oder im besten Falle stellenweise umzubauen. Unser Schulsystem entspricht dadurch einem Flickenteppich aus kleinen Erneuerungen, noch dazu von Bundesland zu Bundesland verschieden. Bildung steht derweil im Zentrum politischer Debatten, und alle Reformen zusammengenommen vermitteln den Eindruck, es würde sich etwas tun. Doch das Schulsystem ist zu alt für viele kleine Flicken. Schule braucht eine Kernsanierung, einen Abriss und Neuaufbau. Das erfordert Mut von allen Beteiligten.

Loslassen

Wir werden das nur erreichen, wenn wir uns vom Gymnasium als Schulspitze verabschieden. Damit meine ich nicht, dass wir uns vom Abitur verabschieden sollten. Sondern vom Gymnasium ab der fünften Klasse. Die Krönung einer Schullaufbahn kann und sollte das Abitur bleiben. Aber es gibt keinen Grund dafür, dass sich Kinder schon mit zehn Jahren für oder gegen dieses Ziel entscheiden müssen. Stattdessen sollten unsere Kinder von Anfang an und bis zur neunten Klasse ein und dieselbe Schulform besuchen. Diejenigen, die danach sicher sind, noch mehr Schule zu wollen, machen Abitur. Hingegen davon auszugehen, die einzelnen Schulformen würden den Kompetenzen unserer Kinder und Jugendlichen gerecht, ist vermessen. Wir haben gesehen: Das, was die meisten

Kinder auf dem Gymnasium an »mehr« mitbringen als ihre Altersgenoss:innen an anderen Schulen, ist häusliche Unterstützung. Was wir brauchen, ist also ein echter Neubeginn. Alle zusammen, von Anfang an. Die Motivation eines solchen Neubeginns muss Gerechtigkeit sein. Unabhängig von der sozialen Herkunft muss jedes Kind die Möglichkeit bekommen, das Beste aus sich herauszuholen. Jedes Kind muss gleichermaßen Teilhabe erfahren.

Öffnen

Teilhabe meint nicht, dass die Schüler:innen ab und an mal »raus« kommen, damit sie die Welt in Form von Ausflügen oder Klassenfahrten testweise kennenlernen. Echte Teilhabe meint ein Daran-Teil-Haben von allen Seiten. Einerseits würde Schule sich für den Rest der Gesellschaft öffnen. Das heißt, dass Professionelle aus verschiedenen Bereichen zusammenkommen und in der Schule miteinander arbeiten. Finnland ist da mit seinen Schulpsycholog:innen, -Krankenpfleger:innen und Sozialarbeiter:innen ein riesiges Vorbild. Doch es ist noch mehr Verzahnung von Schule und Gesellschaft möglich. Zum Beispiel in der Lehrer:innenausbildung.

Lehrer Lämpel war gestern

Wichtig für die Weiterentwicklung von Schulen ist auch die Schüler:innen-Lehrer:innen-Beziehung. Das Narrativ, dass Lehrer:innen und Schüler:innen auf verschiedenen Planeten leben und kaum Gemeinsamkeiten haben, ist ebenso manifestiert wie überholt. Max, Moritz und ihr Lehrer Lämpel sind Prototypen dieser Vorstellung. Auf der einen Seite ist da Lehrer Lämpel, »brav und bieder«, für die Vernunft zuständig; auf der anderen Seite sind »Max und Moritz, diese beiden / Mochten ihn darum nicht leiden«.[19] Seit Wilhelm Buschs Schulzeit hat sich zwar einiges in Sachen Beziehung getan, aber noch immer ist die Haltung im Grunde ähnlich. Schüler:innen und Lehrer:innen begegnen sich selten auf Augenhöhe. Das heißt nicht unbedingt, dass dahinter auch negative oder gar böswillige Gefühle für die jeweils andere Seite gehegt werden. Im Gegenteil. In dieser koketten Rollenverteilung fühlen sich viele wohl, sie scheint zur Schule zu gehören wie Kreidestaub zum Klassenzimmer. Wie sonst sollten Streiche funktionieren, die die Schulzeit erinnerungswürdig erscheinen lassen? Wie sonst sollten sich Jugendliche reiben und Grenzen kennenlernen, wenn die Lehrer:innen als Coaches daherkommen?

Doch allzu oft wird professionelle Distanz mit festgefahrenen Hierarchien verwechselt. Als junge Lehrkraft, die einen Draht zu ihren Schüler:innen aufbauen und aufrechterhalten will, habe ich es manchmal gar nicht so leicht. Ich habe mich schon häufig mit vorwiegend jüngeren Kolleg:innen über dieses Phänomen unterhalten: Nehmen wir die Perspektive unserer Schüler:innen ernst und stellen uns im Konfliktfall hinter sie, bekommen wir nicht selten vermittelt, wir seien unprofessionell oder naiv. Manchmal führt allein die Tatsache, dass wir auf Dialog statt auf Autorität setzen, zu Unstimmigkeiten im Kollegium – ganz unabhängig von der inhaltlichen Argumentation. In vielen Köpfen ist noch immer verankert: Lehrer:innen und Schüler:innen begegnen sich nicht auf Augen-

---

19 Wilhelm Busch: Max und Moritz. Eine Bubengeschichte in sieben Streichen, München 1865, S. 23

höhe. Der Umgang zwischen Eltern und Kindern ist im Verlauf der letzten Jahre und Jahrzehnte gleichwürdiger und respektvoller geworden. Eine vergleichbare Annäherung von Lehrer:innen und Schüler:innen ist ebenso naheliegend wie sinnvoll. Eine Lehrkraft, die zugewandt und vertrauensvoll mit ihren Schüler:innen umgeht, sollte nicht herausstechen. Es sollte normal sein, dass Lehrer:innen Ahnung von den Lebenswelten der Schüler:innen haben und echtes Interesse daran zeigen. Dass sie wirkliche Ansprechpartner:innen für ihre Schüler:innen sind.

Raus aus der Komfortzone

Die Überzeugung, dass wir unser Schulsystem zu einem gerechten umkrempeln können, ist nicht naiv. Es ist nur naiv zu denken, dass das von heute auf morgen geht. Es ist naiv zu denken, aus einem selektiven System könnte durch ein paar Reförmchen eine auf Zusammenhalt beruhende Schule gemacht werden.

Einen Neubeginn wagen bedeutet, dass alle gemeinsam am Tisch sitzen, sich streiten und vertragen, sich und andere stärken, indem sie aufeinander Rücksicht nehmen und sich gegenseitig zuhören. Es wird trotzdem noch diejenigen geben, die unter ihren Möglichkeiten bleiben, weil sie von Haus aus weniger Möglichkeiten als der Rest haben. Diese Lücke kann kein Schulsystem vollständig schließen. Die Frage ist aber, ob ein System von sich behaupten kann, alles in seiner Macht Stehende getan zu haben, oder ob es sich vorwerfen lassen muss, seine Verantwortung nicht ernst genommen und immer den bequemen Weg gegangen zu sein.

Wenn wir echte Gerechtigkeit wollen, dann müssen wir uns wagen, unsere Komfortzone zu verlassen.

Ein bisschen mehr wie Zeynep sein

Wie man die eigene Komfortzone verlässt und die Perspektive wechselt, hat mir Zeynep aus der neunten Klasse gezeigt. Zeynep ist eines der Mädchen, vor dem andere Mädchen Angst haben. Zumindest die, die nicht mit ihr befreundet sind. Sie ist laut, sie beleidigt jeden sofort, der ihr dumm kommt. Sie schubst diejenigen aus dem Weg, die nicht von selbst Platz machen. Ihr kleiner kompakter Körper ist voller Energie, und sie schmückt ihn mit Highwaist-Jogginghosen, Goldkette und sehr viel Make-up. Ihre dunklen, immer geglätteten Haare fallen als wippender Pferdeschwanz aus ihrem Basecap heraus. Mit Zeynep legt man sich besser nicht an. Um ihr Image aufrechtzuerhalten, erfüllt sie ihr eigenes Klischee in Perfektion. In der Regel sitzt sie Kaugummi kauend und genervt auf ihrem Platz und lässt sich um Selbstverständlichkeiten bitten. »Nimm die Füße vom Tisch«, »Pack den Eyeliner weg!«, »Wach auf!« Ihr ernsthaft böse zu sein, fällt trotzdem schwer. Schließlich habe ich schon einige Beautytipps von Zeynep bekommen, und mit Komplimenten ist sie mindestens so großzügig wie mit dem Verteilen von Zigaretten unter ihren Freundinnen. Es ist mir nie gelungen, Zeynep aus der Reserve zu locken, egal wie sehr ich mich anstrengte. Sie dazu zu bekommen, etwas an die Tafel zu schreiben, einen Text laut zu lesen oder etwa ein Plakat vorzustellen – keine Chance. Klar, so angreifbar vor der Klasse zu stehen, kann einen derben Knick im Image bedeuten. Deswegen blieb Zeynep lange an ihrem Platz und gab die Version von sich preis, mit der sie am einfachsten lebte.

Bis zu einer Stunde in den letzten Tagen vor den Sommerferien. Im Hauptschulzweig geht in der neunten Klasse zu dieser Zeit im Jahr normalerweise nichts mehr. Für die meisten Kids endet die

Schule bald, die Noten stehen zum größten Teil fest, und entsprechend gering ist die Motivation, noch etwas zu reißen.

In dieser sechsten Stunde erwarte ich also nicht viel. Als Zeynep plötzlich bei der Besprechung eines Arbeitsblatts energisch den Finger hebt, höre ich ihr überrascht zu. »Frau Graf, sorry, aber es ist so asi langweilig!« Zeynep langweilt sich oft. In der Regel schminkt sie sich dann oder geht aufs Klo. Dass sie sich mit diesem Problem so direkt an mich wendet, ist noch nie vorgekommen.

»Okay, Zeynep. Was langweilt dich denn so? Das Thema? Oder was genau?«, frage ich sie.

»Alles! Das ist so, keine Ahnung ... Sie labern einfach was, und keiner hört zu, aber alle machen einen auf zuhören.«

»Was würde dir denn besser gefallen?«, frage ich sie.

Jetzt lehnt sie sich mit verschränkten Armen zurück und antwortet gelassen: »Ich weiß nicht, Sie sind doch die Lehrerin!«

Also halte ich ihr die Kreide entgegen: »Du kannst gerne übernehmen.«

Ich bin sicher, dass Zeynep auch heute nicht vor die Klasse treten und sich zum Affen machen wird. Auch wenn ihre Schullaufbahn nur noch einige Tage dauert: Sie hat einen Ruf zu verlieren. Ich denke den Gedanken kaum zu Ende, da springt Zeynep plötzlich auf und nimmt mir die Kreide aus der Hand. »Vallah, ich kann das!«, sagt sie und trommelt sich auf die Brust, während sie und ihr Pferdeschwanz nach vorne an die Tafel wippen.

Die Klasse bricht in Gelächter aus, was zu erwarten war, und ich warte noch kurz ab, ob sie es wirklich ernst meint. Dann setze ich mich auf ihren Stuhl und nicke ihr zu. »Also los.«

»Okay, Sami, halt's Maul!«, schreit sie zur Einstimmung ihren Mitschüler an, und Sami murmelt zwar noch etwas von »Chill' dein Leben«, wird aber dann sofort ruhig.

Im Klassenraum kehrt Stille ein. Zeynep zupft ihren Pullover zurecht und spricht in glasklarem Superdeutsch zu mir und ihren Mitschüler:innen:

»Oh, Entschuldigung, so sprechen wir hier natürlich nicht, nicht wahr?!«, sie zieht ihre Augenbrauen hoch und nickt mir energisch zu.

Jetzt schaut sie auf das Arbeitsblatt, an dem ich vorher im einschläfernden Alleingang gearbeitet hatte, und schreibt die erste Frage an die Tafel.

»Wer möchte?«

»Ja bitte, du!«

Zeynep spitzt ihren Mund und hebt den Zeigefinger wie eine alte Dame, während sie die Augen zusammenkneift.

»Ja, ganz richtig, gut gemacht, sehr schön. Na gut, weiter geht's. Wer kann mir die nächste Antwort sagen?«

Während die anderen lachen, sich melden und Zeynep ab und zu als Clown beleidigen, drängen sich mir auf ihrem Sitzplatz gemischte Emotionen auf. Zeynep steht da vorne so grundsätzlich verändert. Diese Rolle, ihre Gesten, ihre Mimik – das alles zeigt mir eine andere Seite von ihr, eine, die ich ihr nie zugetraut hätte und die mich rührt und beeindruckt. Zeynep ist in diesem Moment so angreifbar wie stark. So aufgesetzt wie real. So vernünftig wie unvernünftig.

Zeynep hat sich aus ihrer Komfortzone herausbewegt. Sie hat etwas Neues gewagt und alle überrascht. Sie hat gezeigt: Ich kann auch anders.

Sie hätte sich jetzt auch schminken können. Sie hätte rauchen gehen können. Stattdessen hat sie der ewigen Langeweile ihren Mut entgegengesetzt und uns allen die denkbar beste Schulstunde beschert.

Am Ende der Stunde mit einem vollendeten Tafelbild und herausströmenden Schüler:innen, die in Zeynep für eine Stunde die perfekte Lehrerin hatten, sage ich ihr, wie toll ich das fand und wie mutig.

»Isso, jetzt wissen Sie, wie es geht!«, sagt sie und schmeißt sich ihren Rucksack über.

DANK

Dieses Buch ist entstanden, weil mir Menschen die Möglichkeit gegeben haben, es zu schreiben.

Ich danke Imke Rösing von der Agentur rauchzeichen fürs Anklopfen, Neugierigsein und für die Chance, die du mir damit gegeben hast.

Danke, Julia Sommerfeld vom Heyne Verlag, für deine Unterstützung, deinen Einsatz und deine Wertschätzung.

Ich danke dir, Anna Frahm, für dein Engagement und deinen wunderbaren Blick auf meinen Text. Danke für deine durchdachten Anmerkungen, deine Vorschläge und Ideen. Ich hätte mir keine bessere Lektorin wünschen können.

Jeden Tag dankbar bin ich meinen Kolleg:innen. Ein besonderer Dank gilt Annette und Katrin. Danke für unseren wertvollen Austausch, ohne den dieses Buch nicht entstanden wäre.

Ich danke meinen Freund:innen, die an mich glauben, die mitgelesen, angerufen, Kinder betreut, Fotos gemacht, Essen gekocht und auf mich gewartet haben. Danke, Viki und Marc, Mel, Siggi, Jana und Jenny.

Meinen Geschwistern, Anja und Jan, danke ich von ganzem Herzen. Ohne euch wäre ich verloren gewesen. Danke, dass ich hier einen Teil unserer Geschichte erzählen durfte. Danke, dass ihr immer für mich da seid.

Ich danke dir, Mama, für deinen Mut, deine Kraft und die Erlaubnis, darüber zu schreiben. Danke für dein Vertrauen.

Ich danke J. und J. dafür, dass ihr mir jeden Tag zeigt, was wichtig ist.

Danke, Alex. Für deine Ehrlich- und Zärtlichkeit. Fürs Raumgeben. Fürs Zuhören. Danke, dass es dich gibt.